# 高科技打造品牌农业

李　燕　主编

中国出版集团
现代出版社

**图书在版编目（CIP）数据**

高科技打造品牌农业 / 李燕主编 . -- 北京 : 现代出版社 , 2018.7

（新农村新农业 : 乡村科技振兴系列）

ISBN 978-7-5143-7192-5

Ⅰ . ①高… Ⅱ . ①李… Ⅲ . ①农业产业—品牌战略—研究—中国 Ⅳ . ① F320.1

中国版本图书馆 CIP 数据核字 (2018) 第 144105 号

执行主编：郝言言　赵焕霞

编　　委：苏文涛　薛英祥　唐文俊　王春晓

马牧晨　邵　莹　李　青　李广莹

唐正兵　赵　艳　张绿竹　王　璇

主　　编　李　燕

责任编辑　杨学庆

出版发行　现代出版社

地　　址　北京市安定门外安华里 504 号

邮政编码　100011

电　　话　010-64267325　64245264（传真）

网　　址　www.1980xd.com

电子邮箱　xiandai@cnpitc.com.cn

印　　刷　三河市南阳印刷有限公司

开　　本　787mm×1092mm　1/16

印　　张　10

版　　次　2018 年 7 月第 1 版　2018 年 7 月第 1 次印刷

书　　号　ISBN 978-7-5143-7192-5

定　　价　20.00 元

# 前　言

随着社会的发展，人们的物质生活不断提高，加上科技的推动力，使我国的市场需求不断升级。这就对我国农业的发展提出了新要求。农业企业要想发展好，要想在市场立于不败之地，就要紧跟市场的潮流，顺应时代的需求，建立属于自己的品牌，并把品牌推广出去，让其在市场和社会上得到承认。要打造品牌农业，就要了解什么是品牌农业，以及如何运用高科技来打造品牌农业。

我国农业发展正处于一个关键点上，企业如何借助科技的力量来打造品牌需要进一步的摸索，一切探究都是建立在适合企业自身的基础上。如果生搬硬套，没有自身的创新之处，那么这样的企业是打造不好自己的品牌的。科技是第一生产力，而生产力的发展则是推动社会变革的原动力。因为现代技术的发展，让社会不断进步，也不断提高人们的需求等级。根据马斯洛的需求层次理论，人的需求是在满足一个层次后再向更高的层次迈进的。如今的社会，人们基本不会为温饱担忧，那么势必会要求食品的绿色安全性。

高科技和社会的发展掀起了农业品牌革命，接下来就需要农业企业努力去做。要打造一个好的品牌农业，需要科学化的管理。这里的管理不是简单的生产管理，是从源头到销售市场以及售后的管理。从源头开始，要知道产品的结构，才能定位好农业产品。有了产品还要清楚地知道自己的品牌模式适合什么，这样才能更好地确定品牌。一个品牌要发展，就需要有其核心价值。中国市场很大，给农业提供了打造品牌的机会。农业企业一定要抓住机遇，实现质的飞跃。

要发展好农业品牌，就必须对农业资源进行整合。高科技有实力和能力来帮助企业进行农业资源的整合，从产品的选择上，到区域品牌的利用上，以及渠道的发展上，都有高科技的力量参与其中。科技社会自然不会缺少互联网的存在，互联网在当今时代，已经是信息传播最快速最集中的区域。要想品牌农业在市场上打响，对于互联网的运用自然是不能缺失的。用好互联网的力量，打造行业领先地位，这是一个企业的战略目标，也是应有的理想。一个好的品牌，要有一个好的明星产品，因为市场上面向消费者的是产品，产品是品牌的载体。只有产品在市场上有了好的反响，才能让品牌在市场上有好的反响。

农业品牌要打造好，除了产品的用心，还需要对周围资源合理利用，用有利的资源和区域文化来为自己的产品和品牌打上文化烙印。同时对于消费者的反馈信息也要利用好，售后服务是影响消费者对品牌回顾的重要一环。

高手有绝招，品牌农业建设有法宝。通过科学的方法和数据化的利用，加上高科技的指导，为打造品牌农业找到了发展的有力武器。从责任的社会化，到团队和产品的高效化，再到包装的模式，每一步都是对农业品牌的解析。品牌的力量是强大的，因为它会一直源源不断地来影响市场和消费者。加上现代的发展，农业品牌要快速发展，也要高端发展。本书对高科技建设农业品牌高端化提出了见解，以推进农业更好地发展，要适应市场的高端需求。

对于产品，本书专门做了论述。一个明星产品的打造对于一个品牌来说极为重要。打造好一个明星产品，是品牌打造的重要一环。书中对明星产品的生产和包装，以及推广都有很多的描述，希望对企业打造明星产品有借鉴意义。最后对成功案例的分析，是品牌农业对成功企业的借鉴，要看到那些企业的闪光点，要学习也要发现。

农业品牌的建设需要时间，也需要耐心，更加需要战略和眼光。高科技是社会发展的动力，也是农业进步的基础。

书中的疏漏和不足之处在所难免，热忱欢迎广大读者和专家的批评指正。

# 目 录

## 第一章 高科技掀起品牌农业革命

当今时代是一个品牌制胜的时代，手机通信需要品牌的力量，服装时尚需要品牌的力量，农业一样需要品牌的力量。每个人的一日三餐都要和农产品打交道，而随着人们生活水平的提高，对农产品的品牌要求自然也越来越高。时代在变化，科技在不断地发展，这一切都使一场品牌农业革命呼之欲出。

### 中国餐桌呼唤品牌农业

中国拥有五千年的历史文化，其中就包括深厚的饮食文化。《舌尖上的中国》揭开了中国美食的面纱，让我们更加清楚地看到中国美食的魅力。随着时代的不断进步，人们餐桌上的食品越来越精致，但是安全问题也随之而来。

随着食品安全问题不断涌现，民众对食品和市场的信任度越来越低。虽然其中存在媒体故意夸大的成分，但不可否认的是，中国人的餐桌在变得更加丰富的同时，安全问题也越来越被人们所关注。

因为中国餐桌上存在的安全问题，品牌农业就变得越来越重要。因为品牌农业的崛起会重塑消费者的信心，同样地，品牌农业的打造也有利于我国农业产业的整体提升和市场的拓展。从农业和食品行业自身进行分析，食品安全问题的根源有以下两点。

一是中国农业的落后性和分散性。即使在高科技已经影响至深的今天，中国农业对科技的运用依旧停留在较低的水平，真正运用到的高新技术少之又少。加上我国农业的分散性，缺乏集中的营销和规范的管理，让市场处于少而散的状态。同时，分散经营也导致农产品的质量和价格上有很大差别，人们对农产品的认识还不够全面，农业产业还是产销首尾不见面的状态，漫长的转运过程成为食品安全问题发生的原因之一。

二是市场上同质化竞争的不合理，过度的低价竞争打破了市场的平衡性。在中国的农产品市场上，多数都存在价格竞争，人们热衷于打“价格战”，最后导致大家都没有钱可赚，在微利上挣扎，以至于不是企业消失就是产品质量下降。在许多市场上，我们都能看到这样的现象。

一个企业要做好，就必须有一定的盈利，不然就会失去做企业的意义。盈利是一个企业继续发展的动力，只有在资金充足的情况下，才能让企业不断创新，不断进步。良性市场竞争的重点应该是质量的竞争，而不是价格的竞争。食品安全问题既是道德问题，也是制度监管问题，但更重要的是行业的整体问题。要想改变这一状况，还需要多方面的努力，企业追求上进，是为了更加长远的发展；政府的支持，是为了市场的运行和保障民众的利益；消费者要保持理性，拒绝价格低廉但质量差的农产品，做到这些可以遏制劣质产品的发展。只有在三方的共同努力下，农产品市场才能找到平衡点。

农业想要发展得好，就必须看清市场上的农产品价值，不断地把发展重点放在自身上，想要赚钱，想要抢占更大的市场份额，就要不断地推进品牌的建设，做高溢价的品牌产品。只有企业赚到钱，才能更好地发展。打破趋低营销，不断进行消费升级，做价值、做品牌，已经成为企业、社会和消费者的共同诉求，做价值、做品牌必将成为有伟大志向的企业的重要出路。

## 农业产品的品牌革命

餐桌上的食物基本都来自农业，农产品最后走向的地方也大多是老百姓的餐桌。让人吃得放心，吃得舒心，是农业的追求。品牌农业的打造，是在新时代的市场和科技条件下进行的。消费者习惯的改变和时代的发展，让餐桌上的食品品牌革命悄然兴起。

农业的终端就是食品，不管是政府还是百姓，不管是企业竞争还是消费者的需求，都希望农业从质量到形象来一次质的突破和升级，让消费者看得见，让消费者更放心。餐桌食品的品牌革命，实际上就是农产品的品牌革命，是一场从田间地头到餐桌的产业链革命。从传统农业到现代食品产业，都需要一次升级。

农业的品牌升级，是对农产品要求的提高，也是对社会食品安全的进一步审核，是推进“三农”大发展的国家级战略，是关系到食品安全的全局大事。社会的发展已经把市场推到了一个更加激烈的竞争状态中，农业产品作为市场中占比很大的产品，必须在新时代的要求下进行升级。科技时代对农产品有着更加严格的审查，人们对科技的运用和信任已经远远超过了对感觉的信任。想在市场上打出一片天地，就必须在科技的检验下过关。

随着经济的发展，人们对物质生活的要求也在显著提升，对食品的要求也越来越趋向精致化和生态化。人们要求更加绿色安全的食品，愿意为食品的质量而消费。消费者的诉求就是市场的诉求，就是农业发展的机遇。在这样的条件下，农业企业要抓住机遇，推出好的产品来满足消费者，也要很好地对自己的品牌建设进行推广和升级。一个企业要想长久地发展下去，就必须打造好自己的品牌，把品牌变成一个符号，让消费者记住。这样才能在产品上市后，有被消费者选择的可能性。就像在菜市场，人们对蔬菜的选择标准是新鲜，却不是品牌，这就为农产品的发展带来了机遇，打造出品牌，取得消费者的信赖，让品牌成为“新鲜”的代名词。只要看到这个品牌，消费者就会认为这个产品是新鲜的。

高科技社会下，经济迅猛发展，产业若不升级，就会被市场淘汰。科技是第一生产力，生产力发展到一定的程度，势必要开始一场革命，因为社会要运转，需要更适合社会发展的状态。如今的社会发展，已经容不下那些因循守旧、效率低下的企业，因为更加高效的社会已经等不及你的产品缓慢推出。新的科技会推动其他优质高效的产品出现，这样的产品在市场和百姓的餐桌上才有更大的竞争力。

## 餐桌食品品牌化的特性

餐桌上农业品牌的革命并不是一件容易的事情，因为其中有很大的差距。有些农业品牌的超前发展不断推动着市场的发展，但是有些农产品还在拖累市场的发展。即使在如今的科技发展条件下，部分农业的科技含量还是很低。

想掀起品牌农业的变革，就必须了解其中的内涵，只有了解了农业上还存在的问题，才能真正掀起品牌农业的革命。在农产品的品牌建设上，一定要注意到一个前提条件，就是规模化和集中化，打破原本的散乱状态，整合资源，打造出自己的优势。

要做有价值的农产品，就必须有一定的规模。有了规模，才可能实现统一的生产、加工和销售。只有在有规模的前提下，企业的发展才能更有动力，更有前景。因为规模化的生产能控制好产业链的运行，同时在宣传和营销上也会有更大比例的投入。一个品牌的形成和认定，是通过消费者的购买和消费行为形成的，没有规模，投入和产出也不成比例，亏本的买卖是没有人会做的。所以农业经营者不能停留在小农经济的时代，要跟上如今高科技的发展。没有科技的推动就没有生产力的发展，高科技是促进农业发展和品牌建设最根本的推动力。

因为集中生产才能够产生规模。同样地，只有集中才会有人做品牌。不集中的生产会让行业出现散乱，小企业的散乱和无序竞争会让市场更加鱼龙混杂。

农业品牌想要打造得好，还有两个难点：一个是低价值、易损坏，不好包装；另一个是高度的同质化。这两个难点，是农业产品打造品牌的困难，也是品牌改革中最难解决的问题。但如今情况有了不同，随着科技的进步，第一个难点已经基本得到了解决。所以说，农业的发展一定要依靠高科技，不能在科技之外发展，而是要借用科技的力量来促进发展。对于不好保存的产品，要通过技术改良来延长寿命，或者通过包装来保证质量。对产品进行深加工也一样会让产品可以长久地储存，就像水果罐头的出现。

在高度的同质化问题上，一旦难以实现内在的差异化，就要在外面做差异。通过包装和宣传来发掘产品的差异性，最后保证产品的特点和宣传差异化。在中国的农业发展上，许多农产品都借助区域优势来打造自身品牌，把产地当成了品牌。这样的办法在开始的时候是可行的，但是时间久了就会失去其自身的价值，只有自己的品牌才是市场竞争的主要动力。

## 品类竞争的开端

企业要发现一个行业和品类市场，比发现一个产品市场更重要。因为品类是品牌生长的土壤，一个品类的发现会促进产品的生产和产业链的进步，这样的机遇是一个企业发展最好的机遇，但也是最难求的机遇。

中国地大物博，地理和气候具有多样性，因此中国的物产非常丰富，食品品类繁多，这种丰富也一样给农业企业带来了市场机遇。文化内涵是中国农业发展的一个推动力，因为中国文化中的饮食文化很是深厚，这就意味着食品市场的潜力和宽广度是很大的。

因为目前的品类竞争还处于浅层状态，说明市场上的机会还是很多的。我国的市场很大，农产品在品类市场中的品牌格局尚未定型。许多农产品和食品品类进入市场的门槛很低，品牌的集中度也很低。在市场中进行低价竞争，也就导致了市场的混乱，正是因为混乱，企业才有了机会，层次低给行业整合带来了机会。行业整合的空间很大，是因为

我国农产品的品牌力度还不够，如果能够出现大企业的优势，把市场资源进行整合，那么不但有利于推动市场的发展，也有利于企业打造品牌。

中国社会在不断发展，科技如今成为最大的推动力，在科技迅速发展的情况下，农业市场一样要不断进步。企业要在一个市场中树立重要地位，就必须要找准自己的定位。农业市场中，要成为一个品类的“领头羊”，首先要做的就是找到适合自己的市场，然后在该市场中不断推动自己品牌的建设，只要占据了一个市场领先位置，就有机会往更大的市场进军。

餐桌上没有小产品，因为每一个产品都能被做成品牌。不管是主食还是作料，都有很大的品牌市场。在中国市场上，还有许多地方存在空白。行业空白，是要企业去发现一个品类的空白；市场区域空白，需要企业在不一样的市场下去找到位置；消费需求的空白，是随着人们生活水平的提高而出现的，和经济发展挂钩，就像如今人们对生态产品的钟情，对粗粮的喜爱；品类品牌的空白，在中国的许多农产品市场上，都存在品牌不够强势的问题，这就需要企业在市场中不断发展，不断挖掘市场机会。

## 世界发展看中国，中国发展看农业

随着世界经济潮流的发展，中国的经济也在稳步上升，在国际市场上都占据了非常重要的位置。世界需要中国，中国需要发展，而中国发展的基础则是农业的发展。农业发展得好，才能让其他行业更好地发展。

中共中央、国务院《关于积极发展现代农业扎实推进社会主义新农村建设的若干意见》开篇指出：“农业丰则基础强，农民富则国家盛，农村稳则社会安。”这是对农业的高度认识，是对我国农业发展的殷切期望。

中国是农业大国，有着五千多年的历史文化，其中农业文化更是深深扎根在这片土地上。俗话说，民以食为天。食物的来源就是农业，可见农业的重要性。农业不管如何发展，都是以满足人民的温饱为前提的。今天看来，农业要发展得更快，现代农业要建设得更快，就要依靠科技的力量打造出真正属于中国的农业品牌。品牌是现代农业的抓手，是现代农业发展的动力。

社会和科技的发展要求农业必须发展，不仅要发展，还要发展得好。而品牌农业的出现，则是对现代农业最好的诠释。品牌农业是具有质量和安全健康保证的品质农业，是按照量化标准产生和加工的、产品始终如一的标准化农业；是以规模获得较高效益的规模农业；是打通一、二、三产业，甚至全产业链掌控，实现质量与安全可追溯的大食品业。品牌农业要彻底改变传统农业生产、加工和经营的思想和方式，引入工业化先进的管理思想、技术设备、品牌营销人才，把农产品像工业产品那样加工和经营，以全新的方式振兴和发展。

农业要改变，就要走好科技发展的道路。要把品牌农业打造出来，一样需要科技的支持和引导，品牌农业的建设需要各方面的努力，最后实现品牌农业的生态化、价值化、标准化、产业化、资本化。

我国的农业大发展正是时候，因为这样的时代给农业提供的便利条件有很多，政府的支持、市场的扩大、科技的发展、人才的跟进，这些都是农业企业发展的助力。在经济社会，产业在升级，消费也在升级，市场中供需双方对品牌的诉求越来越强烈，农产品的品牌化条件就会越来越成熟。改革开放以来，我国的农业发展已经取得了很大的进步，农业的科技贡献率以及粮食产量稳步增长。同样地，在工业化和城镇化的深入发展下，农业发展的市场也变得十分广阔，提高了农业的现代化发展水平。随着社会结构的变化，农村人口渐渐向城市迁移，这样农村就多出了许多空闲的土地，把这些土地进行资源整合，是农业企业发展的一条道路。

中国人口多，每天都在对农产品进行消费，这样大的市场，这么大的舞台，给农业企业提供了便利。各个区域不同的饮食和文化，造就了中国丰富多彩的饮食世界，地方特产是地方饮食的名片，也是中国的名片。农业的发展会带动中国走向更好的未来，中国的发展会促进农业走向更大的舞台。

## 中国农业的大市场

中国的品牌农业市场很大，中国人的餐桌会不断促进市场的发展，加上中国地域辽阔，就给农业品牌的发展提供了更为广阔的舞台。农业企业要用好这个舞台，借助中国的大市场打造出自己的品牌。

中国是人口大国，在这样一个国家，任何一种消费需求都拥有巨大的市场，更何况还是餐桌上的农产品市场。加上中国经济不断增长、中国人的财富拥有量不断增加，以及食品价格的逐渐上涨，都在推动中国食品市场的扩张。同样地，随着生活水平的提高，人们对“吃”的追求更高，这就要求市场的农产品要更加安全健康，更加值得信赖，这就需要更多的品牌农业在市场上站起来。

中国没有小市场，仅仅是每天炒菜用的酱油，全国每年就有500万吨的消费量，被2000多厂家分食，平均每个企业不到2500吨。其中消费者认为最好的品牌，提及率也才超过10%，这就使这家企业一年的销售额高达70亿元，可见中国的市场还是很大的，更何况比酱油市场分散的市场比比皆是。

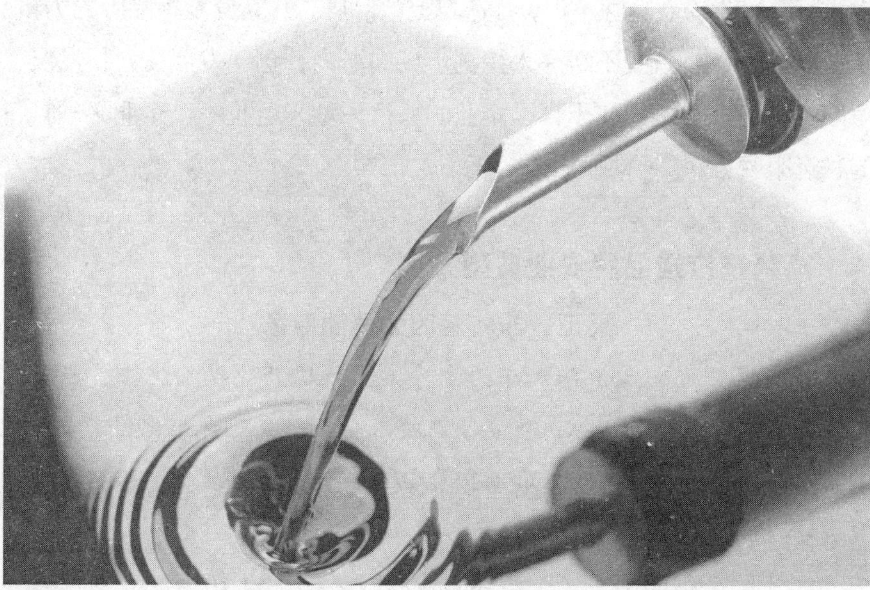

在中国的大市场中，每一个品类都足以养活世界级的大企业，甚至在每一个区域市场里，每一个品类市场都大到可以培养出区域知名品牌，使企业从小到大、从弱到强。中国市场的潜力是很大的，在中国市场上打造农业品牌有非常大的优势，在中国市场上走出一条道路，就等于拿到了国际市场的入场券。比如，老干妈，这个品牌在我国市场上的销量和影响力最终让它成功走向了国际市场。中国市场是企业施展雄伟抱负的广阔天地，这里有无限的想象空间和发展空间，只要企业有足够的魄力和创造力，就能够在市场上站稳脚跟。

如今政策利好，社会经济条件充分，消费在升级，企业在觉醒，品牌农业的大发展黄金时代已经到来。不管是农业产业化企业，还是传统的老字号企业、地方企业或外贸企业，都必须行动起来，把自身的品牌做强做大。中国的餐桌正在不断发生变化，这既是挑战，也是企业发展和壮大的机会。农业企业要依靠政策减少公关阻力，依靠科技减少升级阻力，依靠人才减少战略阻力。

中国的发展影响着世界，农业的发展影响着中国。农业要想发展得更好，就要树立品牌意识，打造自己的品牌，并充分发挥品牌的力量。要做到这一点，就要不断深入挖掘市场的潜力，创新发展，科技发展，争取在市场上开创出属于自己企业的一片天地，这是一个企业必须具备的长远眼光。

## 高科技打造品牌农业典型案例

### 禹王：非转基因大豆油专家

禹王集团是以大豆深加工为主，集生物医药、精细化工、微光电子基础材料于一体的国家级重点高新技术企业、农业产业化国家重点龙头企业、中国专利明星企业和全国食品工业优秀龙头企业，银行信用等级 AAA 级，拥有自营进出口权。

禹王的全称叫山东禹王生态实业有限公司，自 1979 年至今已专注于中国非转基因大豆产业 36 年，率先提出并坚定不移地打造“中国大豆”国际品牌，创造性地提炼出“中国大豆”国际品牌的三大独有优势：非转基因、高蛋白、食用。在企业十多年的践行和规划中，中国大豆的国际品牌已经初步建立，并有了成效。中国非转基因大豆不仅蛋白提取率高，而且绿色、营养、安全，在国际、国内市场上供不应求。中国的非转基因大豆价格已经脱离大豆期货价格体系，并以高出国际市场的价格出口，在国际市场上已经形成了优势。

禹王通过自己的优势产品，打造出优质的大豆油，并且不断提升品质，让消费者在接受的同时，也把禹王的品牌烙在了消费者心中。从

食用油上，禹王把百姓的餐桌食品提升了一个度。以中国“非转基因、高蛋白、食用”的大豆产品为核心，为大众消费者缔造安全和营养的食用油，也促进了中国百姓的品质生活。正是在企业的不断研发下，才有了品质更好的大豆，运用不断发展的科学技术，推动着产品的升级，最后打造更好的品牌形象。

### 北戴河牌：打造佐餐肉罐头第一品牌

秦皇岛海洋食品有限公司的前身是中国人民解放军第四零零三工厂，创建于1960年，坐落在美丽的海滨城市秦皇岛，原隶属于海军后勤部，是全军唯一集研发、生产、销售于一体的大型综合性食品加工企业。

秦皇岛海洋食品有限公司目前拥有“北戴河”“900”“4003”“滨城春”等注册商标。几十年来，工厂自行研制及配合部队军需食品研究所研发了数百种军用食品，多次获得军队各项荣誉及科技进步奖。迄今为止已为军队生产各类罐头、压缩干粮等野战产品36.5万吨，生产出口、内销产品15.8万吨。工厂一直秉承“团结、敬业、创新”的企业精神，依靠科学的质量管理体系，先进的生产、检测设备和精湛的食品加工技术，竭诚为军队和国内外客户服务，用真情架起友谊的桥梁，以丰富的绿色资源、过硬的军工技术、优异的产品品质，与广大客户“事业共创，成就共享”。

“北戴河”牌罐头一直保留着新鲜原料的营养，而且不添加防腐剂、人工色素、卡拉胶等添加剂，在很大程度上保证了罐头的安全和质量。不仅如此，优质的选材也是罐头口感的保证，“北戴河”牌的罐头质量一直在升级，运用先进的生产设备和工艺，为民众提供更好的罐头。同时在产品的类别上，也开发出了其他的罐头产品，从午餐肉到红烧猪肉、牛肉以及海鲜罐头，“北戴河”一直在不断地进行着创新。

一个企业的发展能有多长远，就要看它的变革能力。秦皇岛海洋食品有限公司在不断的发展中进行改变，从产品的升级换代，到新产品的推出和宣传，一直紧跟着市场的发展，也接受着时代科技的考验。在这样的发展下，才有了今天的成就，打造出了成功的品牌。

**杨老帽农庄：塑造大农业品牌价值的范本**

杨老帽农庄就是海兴万亩良田种养专业合作社，位于古老的宣惠河畔两岸，海兴县高湾镇西南村农业园。海兴县是闻名遐迩的杂粮和海鲜之乡，加上得天独厚的地理优势，让海兴县的发展一直紧跟社会发展的潮流。

合作社以让群众吃上放心粮和放心肉为发展理念，以吃出健康为导向，以求品牌、淡利润为根本，发展有机杂粮种植、生态畜禽养殖、生态淡水鱼虾养殖，实施百户杂粮种植专业户、百户养殖专业户的“百户工程”，打造了“杨老帽”优质农产品的名牌。

杨老帽农庄努力建设让群众放心的农副产品基地，为市场提供原生态、无公害的粮油产品和畜禽产品、水产品，同时不断开发农业产业链，建立了乡村旅游观光基地，顾客可以在农庄中体验回归自然的生活，可以采摘、餐饮、游览，尽情享受大自然的风光和农家的田园生活。通过多样化的农业产业发展和联合，让“杨老帽”在市场上走出了一条新路子。同时也看到市场的形式和都市人群对田园生活的向往，建立城市家庭农业种植园。城市家庭可以认租小片菜园自行种植、委托种植，人们可以在网上观看生长情况、遥控种植。

在这样的产业联合发展下，杨老帽农庄打造出了属于自己的品牌

农业。产业链的存在，很好地整合了农业资源，把市场上的顾客通过更多的方式和渠道吸引过来。“杨老帽”的发展模式是值得肯定的，是现代农业发展的一个很好的例子。

## 品牌农业的临沂模式

山东临沂拥有优质农产品基地563.23万亩，优质农产品产业园区183个，蔬菜、食用菌、果品、茶叶等菜篮子产品的“三化率”达到了53%。以农产品品牌建设为依托，各县区都形成了自己的龙头产业。

在临沂全市拥有农产品注册商标几千个的情况下，还有许多企业在努力打造自己的品牌。在临沂取得成功的背后，除了企业自身的努力以外，还有政府的推动作用。在地方打造农业品牌的时候，注重区域形象品牌、区域公用品牌、企业产品品牌三者之间要相互支撑、相互促进。临沂对重点培育的品牌，在媒体上优先宣传、优先刊登广告，制定品牌建设规划，开展品牌创意、营销推介等工作，力争做大做强一批区域公用品牌和产品品牌。

政府的大力支持是临沂发展的推动力，为此政府成立了专门的农

产品协会、绿色食品协会等，为临沂产品的发展保驾护航。在产品的生产上，临沂坚持用基地载体来创建品牌，不断提升农产品的品牌价值，大力推进规模化的经营、标准化的生产、科技的运用，不断为农业品牌的建设添砖加瓦。

产品的质量发展一直是临沂发展的根本动力，也是农业品牌的生命线。以优质农产品品牌建设来提高农产品的质量安全水平，确保消费者对产品质量的信心，在消费者心中树立良好形象，也就为自身的品牌建设打好了基础。对于品牌的包装，临沂用文化创意来打造品牌道路，通过当地的沂蒙文化为当地的品牌形成良好的文化优势。不管是线上的宣传，还是线下的文化节等活动，都是对当地农业品牌的宣传和打造。通过这些活动，临沂的地方品牌不断走向市场。

临沂模式的成功，既是企业自身创新的结果，也是社会和政府支持的成果。在现在的政策下，农业企业必须借助政府的力量来谋求自身的发展，从上而下的改革是最高效的，也是最便利的。

### 产业联盟助推吉林大米

吉林省位居东北平原腹地，地处松花江、图们江、鸭绿江上游，水质优良，土壤洁净，优质稻米种植面积占95%以上，是世界级黄金水稻带。

吉林大米的优良品质让其拥有很好的市场，但是长期以来一直没有形成良好的品牌农业，没有领头人，让吉林大米在很长一段时间里一直处于散卖的状态，直到吉林省在适应市场经济格局的过程中，以品牌化、精品化、全产业链的生产理念为基础，结合生态优势，实施“健康米”工程。政府搭建了平台，组建了大米产业联盟，通过电商平台线上线下联动销售，全力打造大米的名片。

政府为了推动大米产业的发展，组建联盟推进品牌化管理，通过吉林在市场上的推广，以及在品牌和商标上的注册，让吉林大米穿上了漂亮的外衣。为了让吉林大米走出去，政府和产业联盟在全国许多城市举办了 20 多场展销会，为的是让自家的产品走出去，加上线上和线下的推广，很快就让吉林大米打开了市场。

为了让吉林大米的品牌发展得更好，吉林大米组团亮相全国糖酒会，目的是让品牌走向更为广阔的市场，也是希望经过展会让网络营销更为完善。吉林大米不断扩大招商，吸引着各地的客户，也改变了之前的状态，让吉林大米变得更加值钱和品牌化，而市场更加有秩序，也反过来让吉林的发展更加顺畅。企业属于吉林，吉林是企业生产的沃土，在占据了区域优势的基础上，吉林大米很好地打造出了自己的名片。

# 第二章
# 好的品牌农业源于科学的管理

时代的进步标志着社会在更加科学地发展，人们面对日新月异的变化，追求也在改变。一旦人们的需求发生改变，市场就会随着变化。企业要想在市场中站稳脚跟，就必须跟上市场的变化。这其中的关键就是企业对战略的把握，以及用科学的方法来应对市场的变化，这样才能随时掌握市场动态，调整自身。

## 打造农业产业链生态

打造出好的品牌农业，需要科学的管理。管理是一个范围很大的概念，从产品的生产到运输、储存、销售等，各个环节都需要管理。管理是针对产品制定的一系列规则，也是经营好一个品牌的必要手段。

企业通过细致的分工来提高产品质量，且有效地控制成本，最终提升产品的市场竞争力。在同一个区域、同一个行业的不同企业分开经营所形成的产业分工与协作系统称为产业生态。我国目前除少数区域已经完成了产业生态建设外，很多作为区域经济支柱的传统制造业正在面临着产业生态化改造问题。

农业要想发展得更加长远，就必须实现产业链的高效整合。要建设好区域内产业的生态建设，在主导产业上实现不同企业的分工协作，提升品质并控制成本，提高产品的市场竞争力，打造出区域农业的竞争优势。

首先，在打造产业链上，要引导产业分工以做深、做专、提高竞争力来推动区域农业的产业生态建设。农业产业的生态建设，除了要解决好交通、水利、电力等基础设施外，还要考虑解决农业的农资产业问题。对于农产品的生产，需要从源头的种子、化肥、农药、机械设备等方面进行考虑。种子和化肥要安全，机械设备要科技化，这样才能不断提高效率。其次，还要考虑解决农业科技产业的问题，这是关键的一环，因为不同的种植技术和养殖技术会直接影响产品的品质。这就需要农业企业得到科技的支持，借助最新科技的力量为农业的发展作出贡献。最后是品牌和渠道等营销环节的发展，在这一过程中，不但需要农业企业的力量，还需要政府做好科学的产业分工和生态规划。

对很多正在进行全产业链运作的企业来讲，在市场层面上必须推行全产业链的运作。企业之间要有更强的合作意识，为了保证市场份额，并开发出其他的产业方式来，把一个产品分作几个部分来经营和管理。这样既不会出现同质竞争，也能很好地创造自己的企业价值。市场的竞争是瞬息万变的，谁也不知道什么时候就会被同质化的市场所淘汰，因此完成区域的产业链更能让众多企业拧成一股绳，避免被市场的大浪淹没。这就是农业企业之间互相补充的好处，当然，这样会让企业之间的相互依赖性更强。

打造产业链，实际上是对企业的更高一步的要求，在此期间必须割让一部分短期利益。但是在这样的产业链下，对企业长远发展来说是值得的。要脱离同质化恶性竞争，还要在市场上站稳脚跟，这对一个企业来说并不容易，因此打造好产业链的生态是很重要的。在未来的市场发展中，必将是合作和产业链企业的时代。

## 厘清农业产品的结构

一个好的品牌农业，必须有对自己产品结构的清晰认识。品牌是企业长期经营积累的结果，产品是品牌的核心载体。在产品的研发过程中，不断地推倒重来，是对自身产品的认识不全面导致的，这是品牌建设的大忌。

产品是做农业品牌的起点，以产品为出发点，企业需要思考全产业链如何布局，规划具体环节如何实施，在完成全产业链布局之后，企业还需要从全产业链的每个具体环节理出不同的产品，形成产品群概念。在品牌农业的全产业链运营中，我们要看到其中的商业价值，不管是哪一个环节，都有可能成为企业价值的转折点，其中既包括实物型的原始农产品、初加工和深加工的农产品，也包括以体验为目的的旅游、采摘、休闲观光等。在这样全方位的产业链中，市场上的需要都可以在一定程度上得到满足。这就是产业链的科学性和经济性，不同的农业链，可以实现不同的经济价值。

在农业企业打造品牌农业的过程中，产业链不管有多长都不可怕，可怕的是没有产品细化和运作规划，面对庞大的产品群，如果没有统领全局的战略单品，将会出现一盘散沙的状态。所以，农业企业要实现品牌化经营，实现产业链经营的价值最大化，首先要厘清产品结构，关键是选出战略单品。

选择战略单品，是厘清产品结构的第一步。战略单品就是一个企业的明星产品，例如，娃哈哈集团的营养快线、蒙牛集团的特仑苏，这些都是一个企业的明星产品。战略单品的存在对一个企业发展来说，是打开市场的金钥匙。

定义好产品的营销职能，是在选择好战略单品之后最需要做到的。一个产品的价值，不仅取决于它本身的质量，也取决于它在市场上的销量。要谋划好产品的组合，就要知道一个产品在市场渠道上的销售价值，通过市场的销售业绩来清晰地把握消费者的需求，也通过这样的数据对企业接下来的生产进行指导。

产品的结构化是谋划产品组合的一种方式和选择，但这种方式更多的是从价值生产的角度出发。对企业来说，实现产品的真正价值就是要看产品销售数量的多少，以及接下来的市场潜力如何。要实现产品的营销职能，关键要围绕品牌的建立和增加销量两个目标展开，在打造企业品牌的时候要有战略产品，在提升市场占有率的时候要有竞争性产品。在如今的时代，互联网的推广已经让许多资源流向互联网，因此要在互联网上引流，就需要引流型产品，这都是营销职能的定位。

针对自己企业不同的产品定位和市场销售结构来制定不同的规划。不管是怎么样的规划，一定要在确定好自己产品的结构后再打入市场。只有在这样的科学规划下，才能让产品在市场上销售开来，才能打造好自己的品牌。

## 确立农业品牌的模式

品牌模式不同于品牌战略，它指的是企业在营销过程中品牌的结构模式，结合企业的产品结构和战略布局，目的是厘清企业的品牌重点，建立消费者对品牌和产品的清晰认知。

一个好的品牌建设，在建设的初期就要确立自己的品牌模式，然后在这样的模式下不断对自己的品牌进行建设。在消费品领域，通常有3种品牌模式。

### 一、单一的品牌模式

单一的品牌模式就是只有一个品牌的冠名，不管旗下有多少产品，都由一个品牌统领。产品多数采用“品牌＋品名”的识别模式，例如，统一鲜橙多、康师傅冰红茶等。

### 二、复合的品牌模式

随着企业的不断扩大，产品品类的不断增多，许多企业已经逐步转变为混合的品牌模式。特仑苏是蒙牛旗下的品牌，但它也是一个单独的品牌，是独立于蒙牛之外的。采用复合品牌模式，初期是为了推动新

品牌的成长，就像蒙牛为了保证特仑苏的成长，选择弱化自己本身的品牌。反过来采用背书的方式，用成熟的品牌托起新品牌，之后就是新品牌的独立和成长完善。

三、多品牌的模式

为了满足产品推广和市场竞争的需求，企业也会启用多个独立的品牌占领不同的细分市场，在消费者识别上，各个品牌之间几乎没有任何关联，这就是多品牌模式。企业选择何种品牌模式，取决于产品的结构和品牌的延伸方向，也取决于企业推出新品牌的能力，如果能力不行，就不建议采用多品牌模式，而应考虑从成熟品牌身上借力，采用单一品牌模式或是复合品牌模式。

在农业上，多产品经营的特点就是要更注重对品牌模式的研究，只有找到科学合理的、适合自己的品牌模式，才能把农业品牌建设起来。品牌的模式决定着品牌的命名策略和产品布局策略，品牌的命名又决定着品牌的品类延伸空间。在今天的市场中，许多品类化品牌名称在市场上非常多，农业产品更是如此。因此要打造出自己的品牌，就要设计好自己的品牌模式。品牌模式要设计好，品牌命名也要有战略高度，因为命名会在很大程度上对产品的推广和之后的延伸产生重要影响。

不同的农业产品，要体现出不同的品牌价值和定位，突出产品的个性和卖点，帮助消费者建立起清晰的产品和品牌认知，有效地实现品牌价值。只有这样，品牌才是一个好的品牌，才能在激烈的市场竞争中长久地发展下去。在科学模式的运作下，加上好的管理规划，会让农业品牌的打造之路更加快捷。

## 定义农业品牌的价值

品牌的作用不仅是区分了产品和企业，更重要的是满足了消费者的价值需求，定义品牌的价值就是进行品牌定位规划。

品牌定位致力于让品牌在消费者心中占据独特而有价值的位置，让品牌成为消费者心目中某品类或特性产品的代表，从而迅速影响到消费者的购买和选择行为。品牌定位规划，就是定义品牌的差异化价值。这个过程需要从本质上考虑两个问题：一要考虑竞争品牌和自身的差异化，研究出自己品牌的突出性和相对于对手的优势；二要考虑价值，要知道自己的品牌产品要为消费者提供什么样的利益来占据他们的心智资源。只有在把企业的品牌定位规划做好之后，才能在对产品的定价、渠道的选择、拟定的营销策略上进行布局，最后形成整个品牌的竞争力。

要提炼出品牌的核心价值，核心价值能够为消费者提供明确、清晰的利益点与个性化的产品特征，它是让消费者认同、喜欢乃至爱上一个品牌的动力。

通常来讲，品牌的核心价值取决于理性价值、感性价值和象征性价值，即从品牌的情感、个性或象征意义的角度提炼。在品牌的延伸空间上，品牌的核心价值要立足于产品的功能和利益，但又不能局限于具体产品的功能和利益，即需要在此基础上进行升华，提升至情感、个性或象征意义层面。一个好的品牌核心价值应该有高度的差异化、富有感染力，并且与企业的资源能力相匹配，体现出企业的独特魅力并持续坚持下去。品牌的核心价值还要具有包容性，让品牌具有一定的延伸空间，以实现品牌价值的最大化。

一个品牌的差异化价值越大，在市场上的独特性就越大。从产品本身发现并塑造差异化价值，这是品牌的核心。挖掘出产品的差异性，才能在宣传上吸引消费者。具体地说，提高品牌的差异化价值，可以从服务、人、形象 3 个方面去考虑。

就服务层面而言，塑造品牌的差异化价值在于提升服务质量。在如今的科技时代，人性化服务已经成为企业竞争力的重要组成部分，消费者追求的不仅是物质层面的满足，更是精神层面的满足，因此，让消费者感到精神愉悦的高质量服务是必不可少的。服务质量提升了，消费者对企业的认同度就会随之提高。

就人的层面而言，用代言人塑造品牌的差异化价值也是行之有效的方法。消费者会因为喜欢某个代言人而喜欢并信任某个品牌，反之则可能极大地影响消费者对某个品牌的好感度。所以，农业企业在选择代言人时要十分慎重。

就形象层面而言，塑造品牌的差异化价值可以从品牌的符号、人物、明显标志等方面来和其他企业形成对比和差异。

品牌的价值是产品在市场中站稳脚跟的重要武器，一个好的企业要打造好品牌，就要在品牌的价值上下功夫。农业企业更是如此，好的农业品牌的打造要经过许多步骤，品牌的价值性是打造好品牌农业重要的一步。

## 品牌的名称与包装

对一个品牌来说，名字和包装是面向市场的第一形象，它们就像一个人的外表，好看的人自然会让人多一分喜欢。当然，其中也少不了文字和语言的影响力。因此，一个产品进入市场之前，一定要在包装和名字上多下功夫。

名称和标志（logo）是品牌的载体，所有的消费者对产品和企业的认知最终都归结于品牌名称和标志，尤其是品牌名称。因此产品的名称一定要和其他产品区分开来。一些商标化的品牌一般都有很强的区分度，延展的空间也很大，这些品牌名称中多包含着某类特定的关联信息，比如，直接以人名、地名、动植物名或某类事物的名称来命名。在行业化品牌上，这类品牌名称的区分度要弱于商标化品牌，在某一行业或这个领域有很大的延展性。品类化品牌，这类品牌在农业上被用到的更多，包含了一定的产品信息，如六个核桃等，不足的是这类品牌包含的信息虽然比较丰富，但它们的共同特征则是区分度小、品类延伸空间小。

企业要根据自身的情况来选择合适的品牌名称。品牌名称不仅要有差异性，还要容易被人记住，对名字的价值联想还要与品牌的定位相吻合，不能让产品和想象完全不对等，否则不仅会失去消费者，对自身的品牌的发展也会造成很大的困扰。

一个好的名字总是能被消费者轻易记住，一个好的包装总是能让消费者产生购买欲。包装不仅解决了产品的储运问题，更是宣传品牌最

大的广告平台，它承载着品牌的差异化价值，这是包装的灵魂。好的包装要同时满足功能上的实用性到视觉上的审美性，更重要的是要承载和传播品牌的核心价值观，使消费者容易识别。因此，包装中不仅要有文字信息，也要有图案信息，不管设计的思路如何，基本的要素都要被满足。在包装中，文字的作用是说明产品，图案的作用是表现产品的形象。惯用的图案有和产品相关的图案，也有象征产地的符号，或者针对品牌单独设计的视觉符号。

当然，不管用什么形式来表现产品，都必须站在品牌的核心价值上。在使用缺少个性的通用视觉元素时需要慎重考虑，因为这样不容易被消费者记住，而且很容易被抄袭和模仿。包装是为销售服务的，所以要有一定的视觉冲击力，即让产品放到货架上后要有鹤立鸡群的效果，做到让消费者看一眼就能被吸引。好的包装离不开正确的品牌策略，在包装上要有科学的规划，其中的价值感、个性化、传播效果和视觉冲击力是包装必须考虑的元素。

## 借助产区的资源优势

产品的生产总是在一定的产区内完成的，如果充分利用产区的资源优势和品牌优势，就能很好地为品牌农业打造出新的道路。特别是农业产品，因为先天的地理优势，更能让产区为农业品牌的打造提供先天条件。

产区资源包括产区品牌资源、独特的自然环境资源、历史文化资源和生产技术资源，其中最有价值的是产区品牌资源。所谓的品牌借势，借的就是消费者对产品的已有认知和联想。在没有认知的基础上，资源除非能够形成故事化传播，否则没有实际价值。企业要抢占先机，把产品和地理优势结合在一起，借用产区资源的时候要注意对资源进行挖掘、梳理和提炼，形成独特的符号化或故事化的品牌信息，作为一种品牌的符号或故事，与品牌进行连接。

在同样的区域之间，同质化的竞争是必不可少的。长此以往，一

个产区内的同质化竞争会越来越严重。要想走出新路，就必须在区域的品牌优势上走出一条属于自己的路。在一个区域内，随着时间的推移，同区域内企业必然会在销售规模和市场水平方面拉开距离。只有拥有自身品牌的支撑，才能在市场上保证份额，拥有鲜活的竞争力。借助产区优势，还要打造自己的品牌，产区的优势会让企业如虎添翼，但本质上参与竞争的还是企业自身。

要利用产区资源打造出自己的品牌特色，一定要规划好自身品牌的核心价值，重视从自身品牌识别上塑造品牌的独特个性，不管是包装还是宣传卖点。围绕着区域内通用品类资源，包括独特的自然环境资源、文化资源等，找到自身的差异性，进行强化和突出。在产品的宣传上，要使用产区品牌做背书，能够让消费者接受产品的速度提高。长久之后，就会形成自己的品牌。

农业得益于天然的优势，开始的时候要借助区域发展，之后就要把品牌打造成区域代表，最后用自身的品牌独自运营。抢占先机很重要，在打造自身品牌的同时借助区域优势，能够帮助企业走得更快。在如今的农业市场上，区域优势还很明显，但是随着市场的发展，企业品牌意识的提升，抢占先机的机会将会越来越少，因此要用最快的速度利用起来。农业企业要利用好自身优势和区域优势，用科学的管理办法，把品牌建设起来，争取在未来的市场竞争中有自己的品牌优势，打造出一片天地。

## 人才和科技缺一不可

科技是第一生产力，而科技的背后是人才的力量。各个国家和企业从重视科技到重视人才，从购买设备到自己研发设备，一切都是为了自身的发展，但是眼光需要更加长远。要知道，人才和队伍远比钱财和设备更重要。

现代农业是高度复合的领域，未来的农业产业将会成为推动市场和经济发展的重要驱动力。现代农业不仅是在种植作物，同样也在进行农产品加工，与此同时，销售的环节也自然应运而生。要让农业发展得更好，就要从传统的农业上变革成综合性的产业，而想要做到这一点，就必须得到高科技和专业人才的帮助。

作为现代农业抓手的品牌农业特别需要知识复合型人才、资源整合型人才和跨界创意型人才，这些人才的专业性能够为农业的发展铺垫更好的道路。打造品牌不是盲目地推广，也不是盲目地生产，其中需要科学的规划，需要详尽的市场调查，需要科学的分析和预估，需要流程的应用和判断。这些事情的发展需要高科技人才的参与，同时需要团队的力量，因为一个人的力量是不够的。

拥有一支开拓市场、善打硬仗的高素质复合型人才组成的队伍是一个市场化企业必备的重要资源和核心能力。只有在人才方面合理引进，才能让企业得到发展和弥补其不足。

企业发展要不断地整合资源，现代农业已经进入产业链时代，企业要发展，眼光就要长远，在产业链的发展上，要打破自身的局限。企

业走出自己的框架，不断地进行创新，才能在市场中保证发展的潜力和前进的活力。企业运营需要借助太多的资源，如人际资源、区域资源、文化资源、科技资源、市场资源等，不管什么样的资源利用，归根结底还是人才在运作。只有理论是不够的，还要去做，这就体现了人才的重要性。同样地，只有人才没有设备，同样是发展不起来的。巧妇难为无米之炊，企业不给人才足够大的平台，人才的实力就无法得到发挥。

一个好的品牌企业，必须要为智力埋单。因为想要跟上社会的发展，在市场中处于不败之地，除了经济实力，背后真正依靠的是一支团队。人才和科技设备缺一不可，这是现代企业必须要明确的问题。

## 高科技打造品牌农业典型案例

### 掌生谷粒：农产品与包装艺术发挥到极致的品牌

掌生谷粒的创立源于知名企业家圆觉先生一位挚交好友的意外离开给他带来的极大震动，让他意识到把企业做得再好，钱挣得再多，但是失去了亲人、失去了健康也没有了意义。于是他放下工作，开始去寻访幸福和健康的方法。

掌生谷粒是一个贩卖“台湾生活风格”的品牌，掌生谷粒认为：极致的营销就是做好自己，做独一无二、纯然真实的自己，依循自己的生活体验与生命经验的积累，创造出原创商业模式。

掌生谷粒选择的是最优的合作者，它们选择的是花东纵谷优质稻米产区，因为这里的稻米有百年米场优良传统、有机天然栽种、青年农夫做的款款好米等优势的合作者。在包装设计上，用的是古朴的牛皮纸袋，用揉制而成的纸藤一圈一圈地绑紧扎牢，最后为它穿上棉纸外衣，用书法手写产地、产品与生产者的故事。掌生谷粒这样做，只是为了让大家尝到早期农业时代那种吃到新米的纯然感动。

企业的定制化商品服务，是掌生谷粒既有的产品线均支持定制服务。对于少量有特殊需求的客户，掌生谷粒也会按照顾客的需求进行标

准商品的定制化服务。对于大量商务需求的企业客户，会针对企业的预算与目标，从产地产源出发量身定做商品。除此之外，还有深度的参与体验，各地区不同的风土条件造就了独特且无可取代的食材滋味与饮食文化，掌生谷粒除以文字影像媒介为自家产品做深度记录外，同时也与各地农作单位进行合作企划，邀请客户亲身体验身心在土地上的感受。不管是跨时空的参与，抑或者是亲身投入其中，掌生谷粒诉求的都是一种直接亲近土地的深度感动。行销一件商品的同时，掌生谷粒为一个地方做了销售。

在使用者的自我参照上，作为网络原生农业品牌的掌生谷粒，除了实体书本的出版，对网络资源的利用也恰到好处。除了为顾客提供了大量的影像文字素材外，他们只贩卖食品原料的坚持，让购买掌生谷粒商品与服务的顾客在初级食材的烹饪中生产自我的故事。掌生谷粒利用网络资源主打温情牌，让人们在温暖之下把掌生谷粒记在心中。

### 男前豆腐：全新概念的豆腐品牌

日本京都的伊藤信吾接手父亲的豆腐店后，不满足于“三块豆腐100日元”的卖法，打破几十年做标准豆腐的传统，和几个华裔、欧美人士开发一种全新概念的豆腐品牌——男前豆腐。

传统的豆腐都是四四方方的样子，男前豆腐的形状却是水滴状或者其他形状，通过对豆腐制作的改良来使豆腐店变了样子，又取了一个不像豆腐的名字——男前豆腐店，意为“男子气概豆腐店”。软软的豆腐变成了男子汉的象征，给消费者的认知和感官带来了很大的冲击。这种做法使男前豆腐在市场上形成了突出的特色，一下子从众多的日本豆腐品牌中脱颖而出，站在了潮流的前沿，消费者为了追赶潮流，纷纷前来购买。

一个产品的推广，需要好的名字和包装，男前豆腐有了独树一帜的名字，对包装自然也没有放过。独具匠心的包装，让豆腐一下子有了不一样的感觉，同时对豆制品的贩卖，让豆腐店有了不一样的销售范围。随着豆腐店的发展，在市场上有了更好的发展前景，投资商也找上门来，玩具厂商和男前豆腐的合作让豆腐店的热潮蔓延到了玩具领域。

这样的产业联合，让男前豆腐又一次在市场上提高了知名度。不仅和厂商合作，男前豆腐还从网站跨界到手机上，把网站上出的4首独立歌曲变成了可以下载的电话铃声。除此之外，男前豆腐的商标图案也制成了待机图案跟游戏。通过不同的渠道，让豆腐店的招牌以各种方式进行传播，在打开市场销售的同时很好地宣传了男前品牌。

创意成为想法，也要付诸实践。男前豆腐店的成功也给农业品牌树立了一个好的示范，要在产品上走出新意，还要不断和其他行业进行磨合，培养出不同的产品特性，来扩大自身在市场上占有率。

## 今麦郎："弹"出100亿的品牌传奇

今麦郎的弹面让今麦郎成就了市场上的辉煌，创造了一个传奇。一句广告词"弹面才好吃"让人印象深刻，也通过这句广告词，把今麦郎的品牌打造了出来。

今麦郎的成功以独一无二的"弹面"新品类概念和差异化营销异军突起，从面的劲道入手，让今麦郎在市场中站稳脚跟，分掉了康师傅方便面的部分市场。市场上的营销手段是千变万化的，今麦郎通过不一样的广告方式和切入点让消费者对方便面有了全新的认识。在今麦郎的弹面打开市场后，今麦郎又规划出了子品牌"上品"，取高人一品之意，不管是原料还是佐料包，"上品"都严格把控。值得一提的是"上品"在细节上对调料包的创新改良，这是方便面的第一次变革，让人眼前一亮，给消费者带来了全新的消费体验。

今麦郎在进行了充分的市场调研后，决定在"上品"中加一颗鸡蛋，来让方便面实现"有料"。最后，今麦郎把一切的宣传重点放在了方便面中加的卤蛋上。"有料"是该方便面的亮点，能够提升消费者的享受度和满意度。在代言人的选择上，"上品"依旧选择了葛优，通过经典的广告语让今麦郎的"上品"打开了市场，也在方便面的创新方面开了先河。"上品"卤蛋红烧牛肉面的成功，是今麦郎对市场的正确分析。不管是原料上的把控，还是后期加入卤蛋的想法，都是建立在市场

需求上的。

一个企业要想走得更远，就必须对市场有正确的把控和判断，要和科技化的市场与时俱进。在不断提升自身品质的同时，也要知道市场上真正的需求所在。企业品牌的打造是一个长期过程，要打造好品牌就要分析好市场，适应市场的发展才能成就一个品牌。

## 寿光蔬菜集团：创领生态农业第一品牌

山东寿光蔬菜产业集团温室科技有限公司致力于创领生态农业第一品牌，现今已发展成为在国内外均有一定影响力的专业化温室科技公司。

寿光蔬菜集团有限公司位于“中国蔬菜之乡”寿光市，是一家以优质蔬菜生产为主、多业并举，集良种繁育、生产种植、市场经营、交易管理、加工配送、生物工程、深加工出口、技术推广于一体的大型企业集团，是全国 151 家农业产业化龙头企业、山东省重点扶持的农业产业化龙头企业。

企业秉承领先的温室技术、服务现代农业的经营理念，自建立之初就参与建设了国内多家农业科技园、小区规划的温室项目，得到了客户的一致好评。企业对科技的研发从来没有停止过，不管是育苗的技术还是温室的搭建，又或者是高科技的蔬菜示范园、生态园，甚至在蔬菜大棚的保温被和各类农膜等细节上，都进行了研究和开发。

寿光蔬菜公司的生态发展具有很大的研发潜力，企业建有 30 种棚型结构日光温室、5 种棚型智能连栋温室和 8 种棚型结构拱棚的占地 2000 亩国家级示范园，是国内承担农业部、省科技厅的温室大棚新棚型。寿光蔬菜公司是运用新材料新设备、种植新技术新模式项目最多的公司。其温室工程各系统都处于业内领先水平，使整个温室工程具有了专业化品质保障。

公司不仅在山东省的寿光田马、德州平原等地承担大棚项目，在其他地区的大棚建设也有很显著的成果。企业不断地扩大市场和生产基地，利用高科技手段来控制温室环境，应对各种气候条件，同时还能在生产蔬菜的同时开设农业产业链，把一切产业联合起来，把原本的单一农业变成了一条各领域都能延伸的产业链。

这样的农业发展模式，是紧跟着现代潮流发展的。在寿光的发展中，我们看到处处都有科技的跟随，现代农业的发展离不开高科技的运作。农业想要发展得更好，就必须在市场条件下充分发挥自己的潜力，借用科技的力量调动一切可利用的资源来成就农业。

## 云南白药：龙头企业传承百年经典

1902年，云南伤科医生曲焕章遍游滇南名山，苦心钻研试验，研制伤科药物。经过多年的临床验证，反复改进配方，最终研制出功效奇特的百宝丹，也就是后来的云南白药。

云南白药作为一个老品牌，面对不断进步的市场，有时还是要被市场所打击的。但是企业团队不断努力创新，通过对传统中药进行产品创新，重塑消费模式，完美地和现代生活融合。云南白药进行品牌创新，产品和技术的创新，通过对品牌创新产生的成效又对公司创新产品的市场营销起到一定的推动作用。云南白药在发展上，采取了稳固发展白药主产品，拓展白药牙膏和创可贴等个人护理产品的模式，让品牌创新与

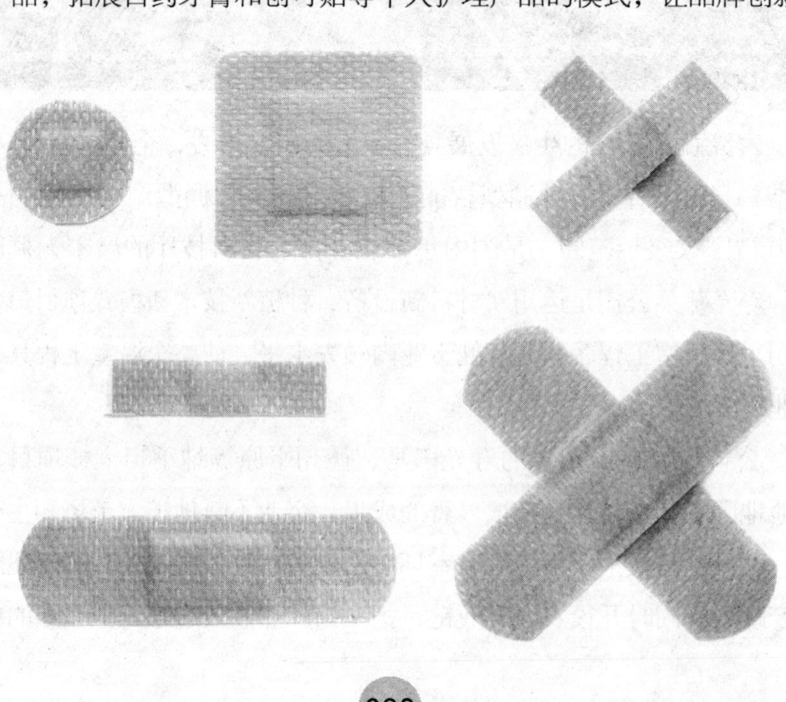

产品和技术创新形成互动效应，使云南白药重获生机。

云南白药的发展，不仅是在产品上面的改变，还有战略上的创新，云南白药集团把研发思路定为“开发”和“设计”两条：开发是要具有前瞻性地研发新型天然药物，新产品的研发周期往往较长，为公司较长期的发展提供产品储备；设计则是根据市场需要，对现有产品进行深度开发，根据细分市场人群的具体诉求，增加产品的适应性、剂型、规格等，以此推出新产品。新思路研发成果最集中的表现就是云南白药产品线的极大丰富。

从2000年起，云南白药对品牌进行了重塑，打造云南白药的新形象，让云南白药的百年品牌形象深入人心。云南白药这个百年品牌以其丰富多彩的关爱民生的产品，走进了越来越多消费者的日常生活中。除了战略调整，云南白药还在不断完善内部机制及质量体系。云南白药采用科学的管理办法，建立完善的质量标准体系，推行各级产品质量安全责任制，健全企业的管理系统。

不管是原料还是质量上，云南白药一直严格把控，对于消费者的问题，公司设有专门的客服热线，有专业人士对公众提供药物使用咨询。云南白药从产品到服务都力求做到更好，把中药和科技融合在一起，打造了属于自己的品牌。把一个老品牌做出了新思路，让其焕发了新的活力。

### 张飞牛肉：品牌策略出奇制胜

张飞牛肉借三国时期的猛将张飞之名而名扬天下，是四川张飞牛肉有限公司品牌策略的出奇制胜之处。农业企业借助文化力量，打造出了属于自己的王牌。

四川张飞牛肉有限公司坐落在山环水抱、人杰地灵的国家历史文化名城阆中，这是一家以牛肉养殖、屠宰、牛肉制品加工、销售等业务为主的现代化牛肉制品生产加工企业。公司生产的拳头产品张飞牛肉，是具有浓厚四川风味的特产。张飞牛肉表面为棕红色，切开后肉质紧密，口味独特，因其外观特征“表面墨黑内心红亮”，恰好和猛将张飞的形象相似，故称为“张飞牛肉”。

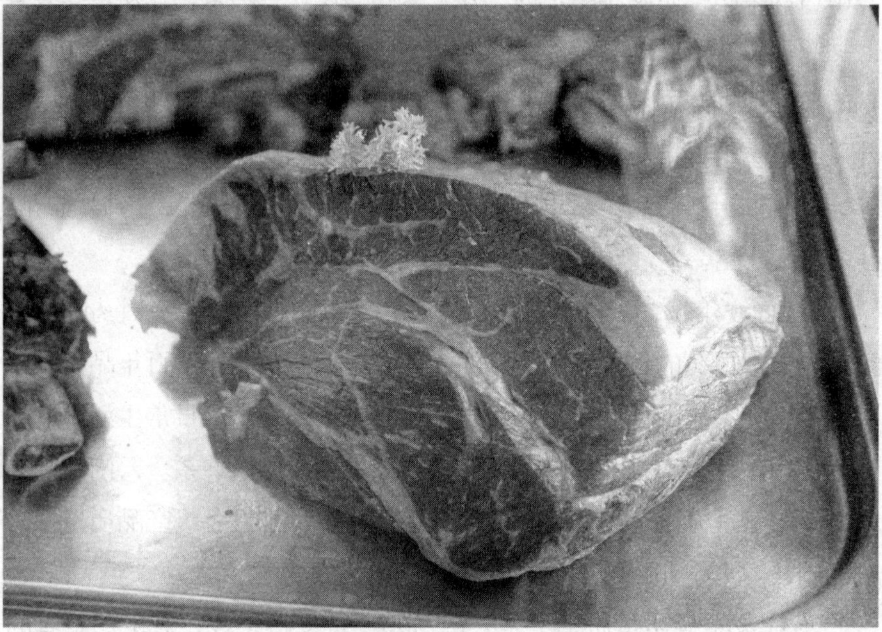

张飞牛肉本名干牛肉或保宁干牛肉，产于四川阆中市，由于境内回民聚居，因此是具有浓厚回族风味的特产。在今天的不断发展中，张飞牛肉已经有佐餐、休闲、礼盒、罐头、面馅五大系列200多个品种。生产的每一道工序，每一个环节，都保证了生产环境的安全卫生，品质如一。绿色和美味的安全食品是张飞牛肉企业最高的价值追求，近年来，公司按照“公司＋基地＋农户”的产业化发展模式，在阆中及周边建立了优质肉牛基地，自身不断发展的同时，也带动了周边农户的发展。企业在不断发展中实现自己的战略目标，是国家级农业产业化重点龙头企业，在发展中为社会作贡献，也推动着市场的发展。

张飞牛肉借着川渝的区域优势，逐渐建立起辐射全球的营销网络。通过文化的传承，把牛肉很好地推广了出去。产品以过硬的内在质量和精美的外包装、浓厚的文化底蕴和完善的售后服务深受消费者的喜爱。

## 立顿红茶：战略新品的一代传奇

立顿红茶打入中国，并在中国市场上取得了不错的成绩。即使中国的茶文化深厚，立顿也凭借着品牌的力量在中国市场上分了一杯羹。

立顿以日常消费场所为突破口，充分利用各种宣传方式，对立顿品牌进行推广，比如，电影电视、时尚杂志、网络小说等，以潜移默化的方式把立顿品牌深埋在消费者心中。立顿通过三角立体包装的设计，让茶叶在茶包中完全舒展，释放百分百的原味；另一种是双包茶袋设计，让沸水毫无阻挡地渗入、浸透每一片茶叶。立顿通过不断创新，塑造了积极、开放、自信的印象，吸引了年轻人的目光，将立顿品牌渐渐扎根在他们的工作和生活中，使年轻人认同饮用立顿茶的目的不仅是解渴，还是一种时尚和享受。

立顿借用高科技的力量来实现运营和推广，在网络营销上也是标新立异，在网站上以饮食为切入点，定位于居家的普通民众，把各个阶层的人群都照顾到，创意新颖、视觉形象生动、感召力强。立顿虽然是营销茶叶，但网站的页面上是美食占了较大的篇幅。立顿利用中国人对

食物的热爱来吸引更多的消费者留意立顿、品味立顿、喜爱立顿的产品，逐渐建立起了立顿的品牌形象。

立顿善于创新，在宣传上实现了线上和线下的联合，把茶饮送入了办公室。“立顿传情下午茶”活动是面向白领阶层的一个活动，融入了线上线下营销手段的相互配合，完美演绎了由线上互动传播到线下体验参与的过渡。立顿的成功体现在其表现形式的创新以及对消费者习惯和心理的有效捕捉，运用科技化的方式和科学的管理模式，实现对品牌的建设和宣传。

# 第三章
# 高科技助力品牌农业资源整合

要建立品牌农业，就要紧跟时代的发展。如今，社会的发展、高科技的进步已经成为品牌农业发展的引导力量。不断利用高科技进行发展和推广，是当下农业品牌建立的主要途径。当然首先是对产品质量进行严格的把控，而后才是营销战略，营销战略要具体，尽可能地利用线上和线下的所有资源不断拓展市场。

## 优选好产品，打造品牌效应

在高新技术的不断发展下，企业也把目光定位在了品牌上。农业想要走出新路子，就必须有自己的品牌效应。建立品牌效应，首先要着手的就是自身的产品，产品的质量要过关。优选好产品，是走好品牌农业的第一步。

做好一个品牌要占领消费者的心智资源，利用消费者已有的认知去建立和塑造品牌价值。

中国有着丰富的产区资源，许多地方的农业产品都被打上了区域的名片。在该产区的产品会有很大的地区性，在这样的产区中，消费者对产区内特有的产品具有很成熟的认知。消费者信赖该产区的产品品质，在同等条件下会优先考虑购买该产区的产品。不管这些地区的产品是否已经完成了品牌注册，都已经具有了品牌的价值。这就是地区的品牌效应，是长期形成的、不会被替代的一种品牌效应。

一个产区的品牌往往与某种特定的产地资源或历史传承的技艺有关，并对应一个知名的品类，因此具有很强的识别性和号召力。再加上各地政府为了推动区域农业，一直不遗余力地打造产区品牌，因此企业更应该考虑从产区品牌上借力发展。

打造好的产品，一方面可以借助产区的品牌优势，另一方面要加强自身产品的经营和销售。企业从产区上借力做品牌，通常有两种途径：一是直接选择在产区内建厂或建农业基地，掌控产区内的产品资源，主打产区概念来当作品牌运作市场；二是不受企业所在地的限制，直接将知名产区的品类原料作为产品的主打概念来运作品牌。

在未来农业的发展中，品牌农业有着巨大的竞争力，而品类定位

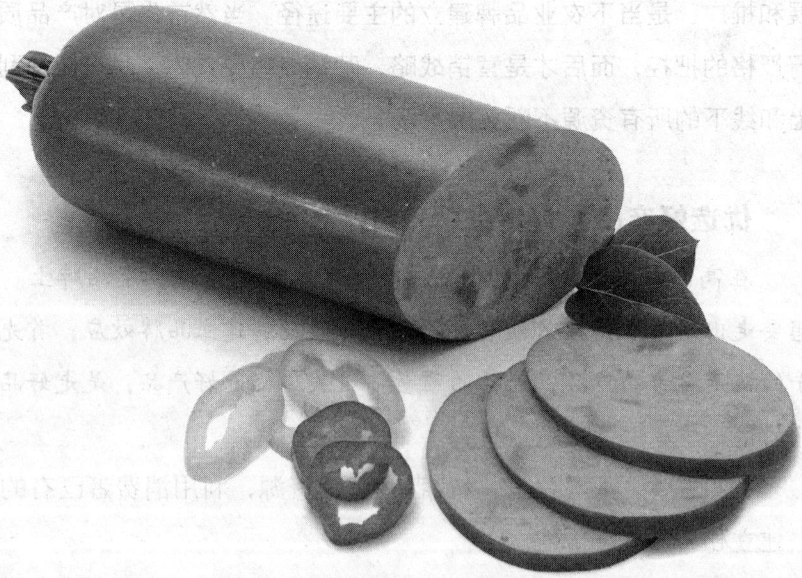

是打造品牌农业的关键点。在拥有产区的情况下，应借助产区的产品效应，确定自己的品类。选产区实际上就是选择品类，如果没有产区优势可以借力，企业就必须考虑如何选择品类。一个品牌在打响之前，先要确定自己的定位，让品牌成为该品类的代名词，比如，植物蛋白饮料之于露露、火腿肠类之于双汇等，每个企业都想塑造并占领一个品类，在一个品类上建立品牌是一个企业的目标，也是实现更大经济利益和社会效益的保障。

品类就是消费者对产品的分类识别，品类的市场价值被认知，这种认知根植于消费者的心智，是建立品牌最有价值的资源。每个成熟的品类背后都隐藏着打通销售渠道的两大关键信息：一是产品价值信息，即产品带给消费者的核心利益是什么；二是消费习惯信息，即消费者在什么时间、什么地点以何种方式消费此类产品，也就是场景消费。这两点满足了企业的竞争选择，包括选择竞争对手，以及要满足消费者的哪些需求。

选出好产品，就要找到自己产品的独特性，来提升产品的竞争力。为有效解决这个问题，可以从两个方面进行考虑：一是以生产工艺和加工技术为支撑的品质差异；二是以成本和效率为支撑的价格差异。在大众品类上塑造差异，就要从成本控制上下手，除此之外还可以从加工技术上考虑差异，把精加工和深加工产品打入市场。在小众品类上实现差异：一是直接在上游对资源实现垄断扩大规模，靠品类本身的差异化进行竞争；二是通过深加工或精加工实现产品差异化，用跨界产品以提高市场接受度。

从产区的选择到品类的塑造，不管是深加工还是建立成本优势，做产品必须符合市场需求。在品牌影响力没有形成之前，除了价格因素外，消费属性的产品消费者更看重品质和卖相，礼品属性的产品消费者更看重品类和价值，这几个关键因素必须要抓住。不管是从什么方面加强竞争优势，目的都是做出好产品来迎合市场消费。

## 用地方特产打开市场

在一方土地上，有其特有的产品优势。在地方特产上进行突破和改变，能够打开更广阔的市场，让消费者对地方特产有更加全面的了解。地方特产本身具有的优势，加上在高新技术的推动下可以实现更加深入的产品加工，这样才能打开市场。

地方特产的价值在于它的不可复制性和地域特色，这种地域特色常常与当地的生活习惯相融合。因此，在地方特产的区域性上，越靠近该地区的市场销售越好。但是为了扩大市场，让地方特色产品走向全国市场，甚至打入全球市场，都需要产品本身进行改变。借助如今的高科技发展，对产品本身进行深入开发。

在产品本身的改变上下功夫，就是要开发出地方特产身上的特殊性。在较大的农产品分类上，重点突出地方特色。在考虑扩大市场的同时，也要充分调查清楚销售地区的人们的习惯和喜好，根据人们所适应的口味来进行改良。同时也可以通过改良包装、设计消费场景等方式让人们习惯某种产品。

很多时候我们可以看到这样一种现象：因为一部电视剧或社会上的热点问题，导致某一种产品在一段时间内在市场上出现需求量大幅增加的情况。这就是社会热点和流行文化的作用，农业企业要利用这样的时机让产品借势发展，把地方特产和流行文化相结合，实现市场的拓展。在紧跟市场的情况下，地方产业也可以看准大企业的风向标，借着他们的势力让自己的产品打入市场。例如，河北赵县以出产雪花梨闻名，当地政府和梨汁生产企业也一直希望把梨汁产品推向全国，尽管努力多年，但是品类的市场影响力一直有限。随着康师傅、统一等品牌企业推出冰糖雪梨产品后，这一局面才被改变，地方企业也借势走向了更大的市场。

在本地的成熟市场上，产品的礼品属性和地域特色不断被强化，

产品在本地礼品市场中的占有率可以得到很大的提升。因为礼品的馈赠通常是面向本区域以外的消费者，所以地方特产在本地区以外的知名度能够得到提升，在广泛的市场进行大规模市场培育和消费引导，这种方法最容易奏效，特别是要把握好市场时机，控制好推动的节奏。

把地方特色融于产品中，不仅能开拓市场，也能帮助企业实现产品的创新和升级。在如今高科技的迅猛发展的形势下，企业应借助科技力量进行生产，同时通过不同的媒体平台实现资源的利用。品牌农业的打响不是一朝一夕的事情，而是要不断借助高科技的发展来改善产品，同样也要抓住市场中出现的每一个机遇，不断推销自己的产品。

## 休闲农业的发展

随着社会的发展和人们物质生活水平的提高，越来越多的人开始崇尚自然生活，对农业生活也抱有好奇的心态。正确利用这样的心态，结合市场的发展来推动新的农业模式，发展休闲农业来实现经济效益。

休闲农业是利用农业景观资源和农业生产条件，发展观光、休闲、旅游于一体的新型农业生产经营形态，也是深度开发农业资源潜力、调整农业结构、改善农业环境、增加农民收入的新途径。在综合性的休闲农业区，游客不仅可以观光、采果、体验农作、了解农民生活、享受乡土情趣，也可住宿、度假、游乐。

休闲农业具有可观光性和可开发性，农业资源和农业产品是发展休闲农业的基础，即把农业生产、科技应用、艺术加工和游客参加农事活动等融为一体，游客可以欣赏不同于其他名胜古迹的自然风光和生活情趣。它是新型的交叉型产业，也是以农业生产为依托，与现代旅游业相结合的高效农业。

要发展好休闲农业，一定要把握好其中的几个规则。首先，要有一个好名字，这是打响品牌的第一炮。好的名字是好的广告效应的关键，好的宣传口号是吸引顾客的前提，能够增强记忆并有效传播，是体现经营特色的一个开始。

其次，有了好的开头以后，还要有清晰的经营定位。要根据实际情况、市场范围、消费人群等诸多方面来确定自己的经营战略和市场定位。

第一，要有精准的目标消费人群。把握主要的推广人群范围，根据实际需要对休闲农业进行推广。

第二，要有清晰的主题定位。休闲农业的目的是休闲，缓解人们在紧张的都市生活中的压力。因此要对休闲农业的经营主题有明确的认识，比如，主打采摘就要有专门的设施，主打住宿就要有好的条件和环境，主打游览则要有场地和风景。

第三，不断升华主题，从游乐设施体验上升到文化体验和精神体验层面。因为休闲农业在自然风光上存在限制，导致它的发展会受到很大的限制。因此要不断地把自然风光和人文风景相结合，在休闲农业的知识性和趣味性上不断下功夫，增强体验效果。

第四，要有系统的产品规划。对一个好的产品来说，要有系统的规划，不断增加顾客的回头率才能真正把效益提上去。对于顾客的光顾，要尽力把顾客留住，同时要把本身的产品推销出去，让顾客带走。尽可能让休闲农业产业形成产业链，把周边的可利用的资源利用起来，尽可能地调动多种手段吸引顾客。

在中国，休闲农业很多，但是真正做出特色和精品的很少，主要原因是同质化严重，但是也能看出其中的市场潜力。正是因为消费群体的增多和真正好品牌的稀缺，才有了更大的市场。

## 抓住机遇打造强势品牌

如今，我国正处于传统农业向现代农业的转换阶段，加上世界经济的发展，还有不断进步的高新技术，让农业发展更加科技化和产业化。在农业发展上，要紧跟时代潮流，抓住行业中的机遇，打造强势品牌。

把产品营销做到品牌营销，是一个转型和升级的过程。随着时代的发展，人们对生活质量的要求已经更加趋向于绿色安全化。正是因为如此，在今天的农业发展上，企业更加注重食品的安全问题。在中国的餐桌上，正在掀起一场变革，关注点从食物带来的满足感转向食品的安全。同时，因为高新技术的发展，网络和产业链的进步，也让农业和科技有了更多的融合。从高科技到农业技术，跨界融合发展是对新型农业的不断推动和变革。

在如今的电商时代，农业更要抓住其中的机会，看到原本市场之外的机遇。要抓住消费者的需求、注重大众的口碑，从产品品质提升上去打动消费者，这样的产品才能达到市场的需求。中国是农业经济时代的世界强国，在食品、饮料、白酒、中医药、瓷器等许多领域都拥有极为丰富的资源。农业企业应该充分利用这些得天独厚的资源，争取率先创造出世界级的国家名片式的大品牌。

中国市场的消费能力非常强，因此中国自身就是一个绝好的大市场，能够给大企业、大品牌的建立提供沃土，在发展我国农业品牌方面有很便利的条件。但是只有条件是不够的，还必须有涉农的企业家采取一系列有效措施，实施品牌战略，打造具有鲜明时代特色的知名农业品牌。

农业的发展本就不易，在如今的竞争条件下，更要时刻关注国内和国际市场的走向，及时抓住机遇。机会并不是时刻都会出现，农业的发展更是如此。因为现在人们的生活水平不断提高，人们在满足了基本的物质需求之后，开始追求更加精致的生活。在这样的需求下，农业要看到其中出现的机会，有针对性地对农产品进行深加工，所追求的形态也要更加科学和绿色。同样的，农产品一样可以植入文化元素，让人们在饮食期间一样可以关注到农业文化。只有在农产品上不断创新，才能让农业产品在现代市场上占有一定的优势。

深入运用现代高新技术，结合互联网的发展预测市场走向，要看清市场上消费者的需求，并抓住这样的机会调整自己的产品和发展。企业自身要不断调整方向，适应市场，满足市场，才能实现经济利益的增长和长久的发展。

## 构建渠道的方法

在如今的经济发展形势下，要打造农业品牌，就要把农业品牌的建设提升到足够重要的地位。品牌是为了营销，打造品牌要不断设计品牌的思路，还要结合实际情况和社会经济、科技发展的状况。要做好品牌农业，还需要企业不断努力。

打造好的农业品牌，先要构建好渠道。渠道就是企业把产品向消费者转移的过程中所经过的路径。在实体渠道和电商渠道并存的今天，市场连成了一体，渠道的内涵和外延都在扩张，如今的渠道已经远远超过人们对它原本的认识和理解。

这么多形式的渠道，都自成体系或者相互融合，共同构成了当今的渠道业态。但是渠道不管如何变化，类型再多元化，都是为了让消费者购买更加方便。在如今的互联网时代，渠道变得更加宽泛，一切能够把产品和消费者进行有效、快速连接的桥梁都可以成为渠道。线上与线下的渠道融合，让任何渠道都兼具了销售和推广的职能，两者之间的界限正在变得日益模糊。

为了打造品牌农业，许多企业都在借助各种渠道进行尝试，真正做出品牌的却很少。不管原因是营销策略的缺失，还是受到资源能力的

限制，都是企业在打造品牌时候遇到的难关。农产品的销售渠道很多，目前的批发渠道仍是农产品最主要的销售渠道，它以大宗农产品销售为主，运转模式比较简单，从产地流转到集散地，再从集散地分销到农贸市场等地，最后到消费者手中。由于批发市场流经环节多，很难形成品牌。要建立好品牌农业，还要关注以下 5 类渠道：超市，流通渠道（名优烟酒店、社区便利店、连锁店），自营渠道（专卖店、会所和餐厅），电商渠道（平台电商、网络众筹、微信渠道），寄生渠道（寄生在其他渠道的形式）。

在构建渠道模式上，要选择适合自己的渠道模式。根据自身的品牌定位来决定企业的渠道模式，知道农业的品牌定位，根据消费人群制定相关的战略。例如，富岗苹果，它的定位是中高端苹果，所以把专卖店作为主要的营销渠道。这样的专卖店更加方便企业的推销，也能实际地满足消费者的口味需求。之后企业的能力决定了渠道的模式，企业要做强品牌，就必须要把产品推广出去。因此，就必须考虑到企业能力的建设，只有拥有较好的企业能力才能决定渠道模式。富岗的宣传力度以及传播的速度，都在很大程度上为富岗的发展起到了举足轻重的作用。

要建立好渠道，具体要落实好三方面的内容。

第一，从销量中找到精品运作的渠道。把销量放在最重要的位置，在产品销量最佳的渠道中，把渠道做精做细。把该渠道做好，使之成为企业的强势渠道。

第二，从渠道职能考虑整体布局。在各类渠道中，除了销售职能外，还要考虑到不同渠道的营销职能。从营销渠道之间的相互影响来考虑，整体做好渠道布局，实现渠道组合。

第三，从营销战略上做创新、做尝试。随着互联网的发展，高新技术不断改变着我们的生活。要在这样的条件下进行创新，其实创新的空间更大。因此在营销战略上，一定要敢于创新，积极尝试，机会是留给有准备的人的。

### 用互联网科技打造渠道

从计算机出现的那一刻开始，世界就在发生着快速的变化。互联网如今已经成为我们生活中不可或缺的一部分，生产生活到处都在互联网的影响之下，资源的共享和信息的传播让我们看到了更加广阔的世界的同时，也看到了更大的市场。

互联网技术的应用标志着第三次工业革命的开始，在把守旧的传统思维抛弃之后，我们看到了最新的科学思想。互联网是一种连接工具，改变着社会的连接方式。从民众到企业，渐渐地已经被互联网绑在了一起。农业品牌想要打响，就要善于利用高新技术，大力发挥高科技的力量，把营销用互联网的方式传播开来。对品牌农业来说，全产业链经营的互联网化还需要不断的探索，但是利用互联网做品牌、做营销是刻不容缓的。

为了推动农业品牌的建设，一定要学会用互联网进行营销，在进行宣传时，互联网是必不可少的。运用互联网思维，是现代农业发展的助力，学会互联网营销是现代企业发展的必修课，也是市场发展的需要。

在运用互联网做营销的时候，要以品牌传播为目的，宣传不到位是没有流量的，没有流量就无法形成影响力，也就难以实现销量的增加。要想宣传力度达到目标，在互联网上引发品牌的传播，就需要一个精彩的故事。引起公众共鸣的故事更加容易进行传播，也更加有利于宣传品牌。尽可能地和消费群体拉近关系，把自己推销的产品销售出去。

在互联网营销中，要抓住公众的心理，也要服务好公众的心理。要在品牌上创造价值，要在服务上下功夫。消费者对品牌的体验不仅是对产品的检验，还包括对服务的检验。真正了解顾客的需求，才能打造出属于自己的品牌，并让这个品牌真正地走下去。

从线上销售到线下销售，到如今线上线下相结合的销售模式，农业企业要适应这种变化，整合线上线下的资源，实现资源共享。利用互联网传播信息快捷的特点，加大宣传力度，同时要注意顾客在消费过程中的心理。在互联网营销中，惯用手段是廉价竞争，因此在互联网营销之前，一定要考虑消费者体验完免费的服务后，应该如何应对接下来的销售压力。面对这样的压力，要事先考虑好话题传播的连续性，做好变化或升级的准备。同时在品牌传播的时候要把消费者引流到企业可掌握的平台上。在互联网上打开渠道的时候，还需要把线下渠道做好，线下渠道的建设既可以提升品牌影响力，又可以实现从线上向线下渠道的引流，通过多渠道快速转化品牌的传播效应。

互联网渠道的门槛较低，因此竞争十分激烈，更需要较大的创新，为了有吸引力，就必须具备创新思维，把企业真正的活力挖掘出来。不断地在内容上和形式上进行创新，把消费者吸引过来才是目的。与此同时，必须要考虑企业的资源支撑力，企业资源不仅包括产品资源，还有信息资源和人脉资源，这些都是不可或缺的。

在未来的发展中，社群和跨界也是必不可少的。社群广义上是指在某些边界线、地区或领域内发生的社会关系，也可以指存在于较抽象的、思想上的关系。此外，社群还可以被理解为地区性的社区，用来表示有相互关系的网络，或是特殊的社会关系。在社群中做营销，要关注其中的组织者传播。实现跨界也是一种较好的传播方式，可以让双方企业都得到宣传，一举两得。

在互联网发展的今天，我们要借助互联网进行营销，但是本质上的传统营销思维也不能丢。传统的营销思维是基础，它与互联网思维互相融合才会产生更大的价值。

## 团队是建设品牌农业的助力

如今的经济发展和运行，除了实际中掌控和借助互联网，核心上还是团队的操作。要想在如今的高新社会中打造出自己的品牌，只凭一人之力是很难做到的。只有在团队的建设下才能把品牌效应做出去，农业发展上更是如此。

在如今的品牌农业领域，多数企业的销售队伍规模小，人员素质参差不齐，执行能力差，不仅中小企业如此，很多大企业也面临这样的问题。目前，农业的发展速度较之以前已经提高了许多，但是这个领域可利用的人才还是很少的。企业必须认识到，只有拥有足够的团队创新能力，才能实现真正意义上的留住人才。

企业没有愿景，团队就看不到未来。愿景是企业的发展目标和战略方向，要把企业做大，就必须要有一个可实现的愿景。在农业上，打造品牌农业是目标，也是为了让团队看到希望。在考虑了自己的实力后，充分利用自身能力来应对挑战、抓住机会，在团队的建设下来实现自己的目标。同时，企业的愿景要逐步实现，不能是虚无的，要可以根据时间切割，分步实现。农业领域中更是如此，品牌农业的建立需要不断地积累，这不是一朝一夕就能实现的。

企业不能指望以一人之力来解决所有问题，要用好人才，就要在各个方面实现团队的合作。企业的平台有多大，给人才施展才能的空间就有多大。农业的发展需要更大的平台，也就意味着人才的发挥需要更好的空间。农业企业想要打造出优秀的团队，还需要核心人物的带领，缺少灵魂人物，团队就没有凝聚力。有了愿景、平台和核心人物，这样的团队才有实力和凝聚力。只有在这样的团队的带领下，企业才能实现销量的增加，同时也能为建设品牌农业而努力。团队协作是现代发展中必不可少的，是一个企业真正发展的推动力，只有在团队的推动下，才能实现真正意义上的品牌打造。

一个好的农业品牌的建设，需要好的团队来带领。企业的发展一样是团队在运作，团队能力比一个人的能力强，承担的风险也会因为分担而更小，这就让团队更敢放手去做。农业想要发展出新道路，就必须重视团队的作用。打造团队执行力，是为了让团队的发展更加符合企业的发展，也是为了实现企业的愿景。

## 掌握优势资源，争当行业“领头羊”

一个行业、一个品类中只能有一个“领头羊”，因为其居高的领导力和销售力，是其他企业所不能比拟的。从资源来看，只有聚焦资源，才能提炼出品牌的内核，才能找到品牌传播推广的根基和依据。

在农业上想要争做行业“领头羊”，就必须占有好的资源，因为在农业领域，产品和销售都需要条件更加优质的资源。有了好的产品资源，还需要好的市场。对农业的发展来说，创建品牌的可利用资源包括地域资源、文化资源和产品资源。这 3 种资源缺一不可，只有在 3 种资源同时得到满足的时候，才能有机会实现好的品牌创建。

### 一、地域资源

地域资源是实现品牌，特别是实现农业品牌打造的基础。现代农业是自然再生产与经济再生产的结合，从农产品的生产到销售都受到地域资源充裕度的影响。之前提到过的区域品牌效应，在很大程度上是因为地域的优势，这样的地域优势并不是每一种农产品都拥有的。如同东北，它能成为我国最大的粮食生产基地，正是因为地方优势。原地生产

是打造品牌农业的重要方面，打上地域标签的品牌能为农业品牌的推广的销售起到很好的作用。

## 二、产品资源

产品资源是实现品牌定位与创建的直接载体。品质决定了品牌，良好的产品资源能够为品牌的创建提供最为主要的有利因素。如今，许多产品依靠高新技术条件进行生产。与此同时，高新技术的发展也不断提升着人们的生活品质，因此对食品的要求也越来越高。产品质量成为人们最为关注的东西，即使在短时间内廉价农产品能打入市场，但是质量好的产品才能成为最终的主流。因此企业要提供优质的产品，要把产品的优势充分挖掘出来，把产品的优势根植于品牌定位中，使产品优势得以充分发挥，打造出自己的农业品牌。

## 三、文化资源

文化资源是品牌生命力的源泉。文化根植在产品中，文化资源的利用是建立品牌效应的重要手段，因为产品会改变，品牌文化却会一直延续下去。农产品在打造品牌文化上，要充分借助产地的文化资源，将文化注入品牌的价值与内涵，实现品牌文化的延深。在许多成功的品牌中，品牌的故事和文化内涵都能在传播中起到事半功倍的效果。

如今，许多大企业在发力，不断打造属于自己的价值，创建品牌，在改变市场的同时，也在不断地促进经济的发展。农业企业要找到优势，把能利用的资源全数利用起来，加强自身产品的价值并深入挖掘，来打造自己的强势品牌。

## 打造富有特色的明星产品

要成功打造强势品牌，其实最核心的要素还是产品本身。品牌是产品的名片，消费者在选取品牌的时候，使用的还是产品。产品是品牌的核心、品牌的载体，也是品牌能做大的根本原因，还是产品自身的优势。

一个伟大的企业之所以伟大，是因为拥有一个或者数个卓越的产

品，人们称之为战略性明星产品，企业的命运主要由它们决定。在农业上，要想打造好品牌，先要把农业产品推销出去，要有企业自身的明星产品。明星产品不管是产品本身的质量还是宣传水准都必须是最优秀的，只有在这样的情况下，才能逐渐以明星产品为核心，扩大产品种类，最终实现品牌农业的建设。

企业是否开发一个产品，取决于这个产品和企业的战略发展方向是否吻合。同时要研究消费者的需求和竞争对手，在价格、渠道终端、传播途径、宣传方式等方面都要有所考量，不管是产品的生产还是包装，抑或是产品的设计和概念，都要尽可能地全盘考虑。

回归产品，重视产品，专注产品，是实现产品差异化、创建品牌、赢得竞争，使企业持续盈利的根本途径。要想激活产品品牌，可以采取5项措施：

### 一、适应市场和当下的发展

随着经济的迅猛发展和中国市场的进步，当下企业越来越需要适合的信息化手段以推进企业的可持续发展。企业要不断适应市场营销手段的变化，在高科技发展的今天，更要把自己的营销理念和当下的发展需求相结合。

### 二、满足需求

要想把企业做大，打造出属于自己的品牌，就要对当下的市场进行摸底和研究，要准确感知市场的需要，同时加快自己的生产速度，在感知到市场需求之后尽快着手推进自己的加工和生产，争做市场第一家。最后还要不断地保持创新的活力，根据市场的变化不断地作出相应的改变。

### 三、创新是激活品牌的关键

一个企业如果停止创新，就失去了生存的意义。在这样的时代下，每天都是瞬息万变的。要想把握住先机，就必须把自己的产品做活，不断跟上市场的变化和高新技术的变化，在产品上创新，在宣传上创新。

## 四、实现产品的销售

产品产出之后，还要看销售是否成功，只有销售成功了，才能为企业带来利润。在销售上，则要关注企业的销售战略，销售战略的把握是企业销售成功的重要一步。

## 五、重复需求

在市场经济条件下，到处可见相同的产品，在这样的情况下，消费者对产品和品牌的忠诚度势必会越来越低。这就对企业提出了更高的要求，要求企业打破僵局，把重复的产品作出新意。

产品是本质，激活品牌才能打造出更好的产品。二者共生，在市场中共同进步和发展。要借助高科技的优势进行宣传，也要跟上科技的变化进行创新，一切的成功都是顺应时代需求的。

# 给产品打上文化的烙印

*农业产品对市场来说是必不可少的，因为人们的生存需要它。但也正是因为这种普遍的需要，让农业被人们打上了“土”的烙印。要实现农业产品的品牌，要让农产品走入更加高端的市场，这就必须从文化上下手，利用公共资源，为农业的发展提供助力。*

做品牌讲究文化效应，文化是品牌农业的外衣，也是让人过目不忘的本源。只有让消费者在消费农产品的同时，体验到品牌所蕴含的历史人文气息，才能让产品在消费者心中留下深刻的印象。给品牌注入独特的地理文化因素，使其与同类产品产生差别，有助于为产品树立形象，增强品牌的个性与联想性，提高美誉度和忠诚度，发挥农产品品牌识别功能。随着社会经济的发展，消费者对农产品品牌文化的认同感关乎农产品的市场竞争力。

为了更好地树立起农业品牌，农产品的文化营销需要抢占公共资源，打造文化特色。为了更好地打造文化品牌，要合理利用以下几点。

## 一、发现、发掘和抢占包括产地资源和品类资源在内的公共资源

产品的产地和品类是创建农业品牌最重要的战略资源，因为产品的质量和特色是由产地和品类决定的，一方水土才有一方作物。把自己的产品、品牌和区域的品牌挂钩，品质一定要高于产地才真正能作出好品牌。

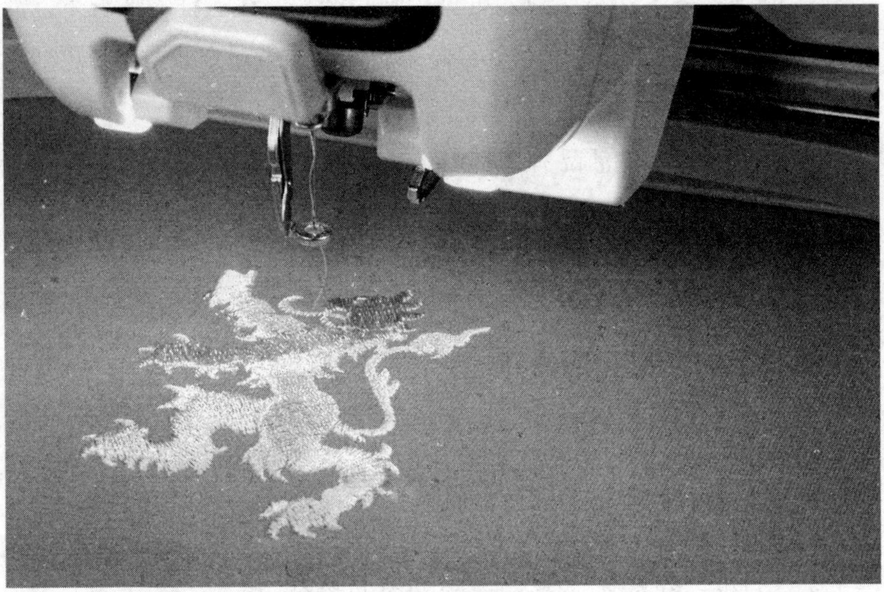

## 二、增加文化品牌建设，用文化塑造提升品牌

中国的饮食承载着文化，文化影响着饮食。在当今飞速发展的世界中，想把品牌做出独特性和差异性，在文化上下功夫是最好的选择，因为文化是最难以替代的东西，对一个民族来说，文化是深入骨髓的东西。

用文化来营销，品牌才能长久立足于市场，才能走得更高、更远，品牌力才能深厚持久。要不断地把食品中可能存在的文化挖掘出来，让产品文化充分得到利用，打造出与食品相关的文化资源，不管是传统工艺还是人文故事，从消费者认知和饮食习俗上都要有文化的包装。把文化和产品绑定在一起，不仅是为了更好地宣传效果，还是为了让农业品

牌能借助文化的力量彻底立足于市场。这里提到的文化，许多企业已经有所利用，如母亲牛肉条、张飞牛肉都是借助文化的力量来达到宣传效果的典型案例，它们借助众人熟知的故事或历史名人让产品更加具有文化底蕴，以达到更加深入人心的宣传效果。这样的文化利用，能在很大程度上给消费者留下深刻的记忆。在这样潜移默化的影响下，消费者在心理上就会形成一定的认知，购买时更加倾向于这种产品。

## 快速占领市场，行动就有可能

建设农业品牌，要借助传统的力量，也要借助现代科技的力量，但无论借助的是哪种力量，都离不开一个“快”字。企业想要在市场上强占先机，就必须要快，这就是《孙子兵法》中提到的“兵贵胜，不贵久”。

在许多武侠名著中，都有这么一句话：“天下武功，唯快不破。”这句话在市场的争夺中同样适用。如今的市场经济发展很快，消费者的需求会在不同的时间呈现出不一样的特点，只有抓住这些特点，才能在不同的时间段抢占先机。相对来说，现在的市场更需要快速的行动。对于速度的追求和果敢的把握，不仅仅是优秀企业的典型特征之一，更是中国农业和食品企业家的必修课。某些时候，速度甚至可以成为压倒一切的决胜性要素。

现代市场的发展，要求企业在一定程度上要快速作出决策并进行生产。速度是领先者的盾牌。在速度的背后还是实践出真知的道理，既要快速地发展，也要在发展中快速找到问题并解决。在许多时候，行动就有可能。农业品牌的建立，是一个不断打入市场的过程，在打入市场的同时，也要注重自己的变化。在市场中利用各种渠道得到消息，并对自身的产品进行改良，来适应变化的市场和消费者的需求。

从立顿茶品中，我们就能看到快速抢占市场的典型。中国是茶叶大国，更何况中国的茶叶历史根植在人民的心中。在这样的情况下，立顿依旧闯出了一片新天地，就是因为立顿的品牌效应让立顿在茶品的宣

传上比中国的茶品宣传更加便利。立顿快速进入中国市场，从方便的泡茶方式和高端市场为突破口，打开了市场，再进行不断的改良和变化，从网络营销的饮食文化，把中国人的饮食情结合理地利用起来，又通过线下活动让立顿走进白领的生活，通过这样的方式，让立顿在中国迅速打开了市场。立顿的成功是在适应市场，打破原本的营销模式，以互联网高科技为代表的新经济为依托，追求差异化、个性化、网络化和速度化。在一种全新的营销观念下，用最快的方式来应对瞬息万变的市场。

追求速度并没有什么错，但是在追求速度的同时把握好品质才是真正制胜的法宝。除此之外，还要不断加强对市场走向的预测，并发现其中可利用的信息，让其为企业服务。

## 跨界整合创新的奇迹

农业发展在现在看来是非常快的，因为有了更多的可能性和更高效的科学技术。在如今的经济全球化时代，没有什么经济是完全单一的，许多行业的发展都需要其他行业的支持。纵然在互联网发展如此迅速的今天，互联网的发展一样需要高科技的支持。同样地，农业的发展也需要跨界的支持。

在农业领域，许多企业都没有接触过现代市场的高度竞争环境，建设农业品牌更是第一次。其中不排除许多企业的营销模式陈旧，这样在瞬息万变的市场经济中总是要吃亏的。在没有经验和成熟的模式之前，这些农业企业特别需要跨界、整合与创新，即大胆借鉴、叠加、互补和融合其他行业的优秀思想、资源、技术、模式和方法等，从而催生出全新的产业、品类或者营销思路，获得竞争优势，实现突破。

跨界和整合、创新是不同行业之间的互动、借鉴与合作，是将不同行业之间的营销要素整合进来为自身所用。把其他行业的营销要素与自己的宣传相结合，打造出独属于自己的营销效应，这对农业的发展来说是十分必要的。农业的长久性以及在市场上的非暴利性让农业不能在短时间内看到显著效果，但是因为农业的稳定性，也让农业更容易保持长久的发展。随着现代农业的发展，除了自身的农业基地之外，农产品

深加工的产业链也已经加入其中，从原来单纯的农产品，到食品加工的发展都促使着农业不断进步。

在如今的市场中，生态农业的发展形势良好，因为其本身的生态绿色，让消费者更愿意为其高品质付出较高的成本。因为生态农业的市场旺盛，发展空间较大，加上政府的支持，就多了新的盈利点。在跨界上进行结合，农业的发展就会更加顺利，同时也对打造自身农业品牌有很好的促进作用。在农业和其他行业联合发展时，要注意 3 点要求。

**一、资源和要素的无边界**

农业资源包括上到天文，下到地理，农林牧副渔等一切农业生产、农家生活、农村生态、农民技术和农耕文化，并可以灵活吸纳一切流行文化和城市资源要素。正因为如此，在进行农业资源调查时，在规划分析的时候要从空间、时间、人际 3 个方面做更深入的梳理，做好取舍。

**二、模式和业态无边界**

农业形态包括渔业、牧场、林地、果园、茶园、菜园、花园，以及农业产业化龙头企业展示体验基地和企事业单位后勤保障基地等，许多传统商业模式与服务业和农业结合起来，通过多种模式的合作共生，用新的业态丰富农业的产品体系，加快农业对社会资源的整合力度，实现农业的创新发展，很大程度上把农业的发展推向了另一种新的经济模式。

**三、功能和作用的无边界**

农业不仅是提供给人民饮食，还可以有娱乐功能和其他还没有被挖掘的作用。要把农业做活，就要把农业发展好，在发展的同时也要进行大力创新。随着国家和地方各级政府部门对农业的大力支持，加上市场的引导，农业配套产业和配套服务的日趋完善与成熟，农业一定能发展成为丰富多彩的大观园，促进城市与乡村、传统与时尚、技术与艺术、文化与创意、产业与平台的融合发展。

在如今的市场经济环境下，一定要注重经济的可利用模式，把能够利用的一切资源利用起来，实现联合发展、有序发展。只有以整合与创新为基础，才能实现农业的大发展。

## 做好用户体验

如今的农业发展，不仅是要发展好企业，创造品牌，还需要做好用户体验。因为用户的回购是企业产品销售的重要保障，同时也是彰显品牌的方式，为了让客户达到最佳的满意度，企业要在用户体验上下功夫。

用户体验是用户在消费产品过程中建立起来的主观感受，是互联网营销强调的内容。如今，不管是在互联网行业还是在传统行业，都越来越重视用户体验，大家把用户体验提升到新的高度，消费者也越来越在乎和享受这种体验。用户体验不仅包括物质层面上的体验，还包括心理和精神层面上的体验。即便互联网发展如此之快，线下的体验仍然是线上无法满足的。只有良好的用户体验，才能使消费者忠诚地拥护品牌，激发消费者的口碑推荐，从而带来更多的顾客。为了打造品牌农业，要切实做好用户体验，可以从以下 3 个方面着手。

### 一、保证口感第一、卖相第一

农产品及深加工大多数是为了满足人们的饮食需求，所以口感是十分重要的，在这个方面，感性的口味要比理智的营养成分更加影响人们的购买欲。产品的口感是产品的内在品质，卖相则是产品的外在品质，但都是产品的色相。卖相好的产品能够极大提高消费者的消费欲望，进而引导消费者选购。做好产品体验，首先要坚持口感和卖相，不要借着营养的幌子来忽悠消费者。

### 二、注重细节的完美表现

对农产品的细节作出改善，不断在细节方面进行改进，通过细节呈现出企业的态度，这样做不仅是为了传递品牌的真诚，也是为了温暖消费者的心灵，进而提升消费者对品牌的忠诚度，引发消费者的口碑效

应。在细节上要求质量，也就是在服务上把握细节，只有在各个方面照顾到消费者的心理需求，才能让消费者对品牌真正放心并印象深刻。

**三、要学会管理消费者的预期**

管理消费者的预期，其实就是管理消费者的想象，把消费者的想象力控制在一个范围内，让消费者想象到其中的一部分，但是又猜不透全部。这样做的目的是让消费者有足够的新鲜感，但又不能把这份新鲜感抹杀。对消费者来说，预期值越高，一旦产品没有达到预期，那么失望就会越大，越容易对产品失去信心。所以在对消费者的预期把握上，要合理控制。

在保证产品质量的情况下，要不断对顾客的产品体验做深入了解，从而更好地把产品推销出去。做好用户体验，是让品牌深入人心的一种方法。在提高企业品牌影响力的同时，也能很好地打开更加广阔的市场。不管是利用高科技的线上模式，还是传统的线下模式，都应该注重用户体验，这样才能实现品牌的打造。

## 高科技打造品牌农业典型案例

### 一枚用互联网举起的栗子

举个栗子是一家专门销售栗子的连锁门店，招牌是糖炒栗子，夏季有冰栗和烤栗，冰栗推销的是“冰爽健康”，烤栗推销的是“外焦里糯”。

举个栗子的创始人是乔志忠，他创业初期选择做栗子，是因为他认识卖栗子的人，知道卖得还不错，再往远处看，全国各地都有吃栗子的习惯，市场很大。

2013年9月，乔治忠的第一家店在山西介休开业，因为服务、品质把控好，新店在开张时生意就不错。在初次尝试成功之后，乔治忠便有了用糖炒栗子创业的念头。2014年10月，他组建了“栗子帮”团队，在石家庄开店，用了一年半的时间把店面数量增加到了21家，并且在郑州、成都等地也实验性地开设了分店，更重要的是他一直保持着良好的盈利。

举个栗子是“栗子帮”团队的梦想，也是团队的核心竞争力，是举个栗子价值观的传递者和优质服务的提供者。“开启梦想，共同成长”是举个栗子的创业口号。在践行互联网思维的时候，举个栗子重塑了产品的价值，把客户的满意消费体验当作真正的出发点，不断完善服务的同时，也留住了顾客。在互联网迅速发展的今天，举个栗子利用互联网

思维，借助高科技的力量进行宣传，同时也运用社交媒体，不断地进行社群营销，让服务变成了一种融在销售中的东西。

举个栗子用心做好极致单品，在产品上下功夫，不断提升产品的品质。选出好的产品，用细节来反映实力，不会出现板栗腐烂和虫眼，让消费者吃得放心。同时也在制作工艺上不断创新，在技术上进行改良和提升，创新栗子口味，永远不在原地踏步。这是紧跟时代的潮流，是在原有的基础上进行创新。

企业用服务把客户变成朋友和伙伴，不断加大服务的力度来提高用户关系强度，留住顾客的同时也能很好地把自己的品牌推广出去。在高科技的时代，自然不能和科技脱轨，他们能够用好社交媒体，做好互联网传播。举个栗子在微博、微信等社交媒体上不断地和媒体、消费者进行互动，把自身做好的同时也不断地把顾客拉拢进来。紧跟社会热点，不断进行创新，吸引了人们的注意力，很好地推广了自己的品牌。同时企业也创新了经济模式，用众筹的方式开店是举个栗子的另一种互联网实践尝试。

“栗友会”是举个栗子的社群，由举个栗子团队和广大消费者共同组成，以“美食、公益、文艺、运动”等为理念，同时为栗友提供线上分享、线下聚会等福利。企业在不断听取消费者最真实意见的时候，也就是在不断进步的时候。

举个栗子用互联网思维营销，借助现代高科技运作，从理念到运行模式都是在互联网范围内展开的。把互联网的思想渗透在每一个角落，从称谓到口号，它紧跟着时代的发展。用心解决细节问题，为顾客提供满足的服务，甚至自己研发产品。借助互联网的力量宣传打造品牌，用互联网的互动体验来留住顾客。互联网思维的本质是口碑，也是人性，而举个栗子则把这一点运用到了最大化。

## 午餐肉无处不在：世棒流行世界

荷美尔公司的世棒午餐肉流行于全世界，是因为它的高品质。一个品牌拥有一座博物馆，拥有全球范围内的许多粉丝，这对一个品牌来说是最大的满足，因为它在全球化飞速发展、快餐文化盛行的当下，真正走进了人们的心中。

荷尔美在产品的质量和创新上都不断地进行改革，在适合当地人口味的同时，也在提高着产品的品质。与最初的产品相比，今天的世棒午餐肉更加精致、时尚和国际化。企业针对亚洲人的口味，专门为亚洲市场设计了配方，选用高质量的原料，生产出细嫩多汁、肉香四溢的独特午餐肉。同时在高新技术的运用方面也落实在了厂商上，荷尔美（中国）拥有从全球各地进口的最好食品加工设备。

在产品的品类方面，荷尔美（中国）生产门类齐全的零售及餐饮肉类制品，其中有为美国所熟悉的西式产品，也有专门为中国人口味而开发的中式产品。除了猪肉、牛肉产品以外，还从美国的姐妹公司珍妮欧火鸡坊进口生的火鸡原料，进行加工、烟熏、烹饪。

在营销方面，荷尔美的产品通过各种零售连锁商店、大卖场、百货公司及便利商店等渠道销售给广大顾客。因为世棒午餐肉的质量和创

新确实首屈一指，因此才在世界上有如此多的坚定的支持者和拥护者，加上世棒午餐肉可以长时间保存，而且味道保留得很好，以及方便开启的包装，让世棒午餐肉成为人们家中的常备食物。

世棒午餐肉的成功，是企业抓住市场机遇的成果，也源于企业在产品上的不断精益求精。不管何时，企业都在紧跟时代的发展，针对不同的地域进行不同产品的研发，更是努力借助高科技的力量打造品牌形象，让品牌在世界流传。

## 旺旺：再夺休闲品业新宝座

说到旺旺，几乎没有人会陌生。旺旺自1992年投资大陆市场以来，短短几年就通过全体员工的不懈努力和成功的营销策略走进千家万户。作为休闲食品的龙头企业，一直坚守米果休闲类食品的旺旺在近年来不仅涉足方便面、酸奶等品类，还专门成立公司经营京津地区的鲜食产品流通，一系列全新的布局正在悄悄启动。

2014年9月，旺旺集团就已经推出方便面产品进军大陆方便面市场，产品主打非油炸，紧随其后又推出了酸奶产品。旺旺成功的原因在

于其能够发挥产业链协同效应，将休闲食品、饮料业务的核心竞争力和商业模式复制到其他业务上去。

即使在这样的发展下，旺旺同样要面临着如今市场的激烈竞争。旺旺转变期间，遇到了许多问题，因为经销商精力的分散，让部分滞销老品和推广新品无法得到充分的重视。为了改变这种局面，旺旺在2014年底成立了配送发展事业部，在全国范围内进一步对老市场重新整合，细分终端。在全国范围内陆续启动招商，并增设经销商对原有市场及经销商做品项上的切割。这样一来，在细分终端的情况下，旺旺的产品销售情况得到了改善。把“哎呦”系列新品以及滞销老品如糖果、乳酸菌饮品交由新经销商进行代理，再由专门团队配合经销商拓展市场。这样一来，旺旺的资源得到了有效整合，开始了新一轮发力。

市场的变化太大，企业必须跟随市场的变化不断进行改变，不然就会被市场淘汰。在如今高科技快速发展的大趋势下，企业必须借助高科技的力量，通过网络推广和线下发展，共同销售，对产品的提升更是无时无刻地要进行。农业企业的发展要适应市场，更要把市场竞争当作其中的一环，不断地提高自身的水平，无论何时都不能和科技脱轨。

### 观止斋如何做茶叶

观止斋在茶叶领域有着较高声誉和人气，从2006年品牌创立到今天，观止斋用心经营了十多年。十多年的时间里，观止斋从一家店面发展到如今的百余家店面，在许多城市的文化圈都有很好的口碑，并且聚集了一批对中国传统文化充满崇敬之心和喜爱之情的人。

观止斋的创始人说：“中国市场上从来不缺少好茶，缺少的是不需要高深的品鉴技术就可以识别的好茶”。从这句话中我们可以看到其中存在的品牌力量。品牌化最终就是要把价值和信任凝聚在一个符号上，让消费者相信，这个品牌符号代表的是好茶。

因为中国的茶叶历史悠久，中国民众对茶叶的情感是与众不同的，因此茶叶的市场十分广阔。但是关于茶叶的品质问题，许多茶叶经销商都是自说自话，没有一个统一的、可以令大部分人信服的评价标准。观止斋正是敏锐地察觉到了这一点，把评价标准交给了消费者。观止斋把茶叶采摘、制造的全部过程分享给茶友，让他们去评判。由此才有了观止斋的“四不为”：一不参加评奖，荣誉由消费者说了算；二不参加拍卖，价值由消费者说了算；三不搞专家品鉴，品质由消费者说了算；四不搞权威认证，信誉由消费者说了算。因为观止斋认为，在一个快节奏的时代，应该有自己坚信、坚持和坚守的东西，这与他人无关。观止斋始终追求的境界就是要将任何好东西都做到极致，它的品牌语是“独与天地精神往来”，这句话既是人生的追求，也是一种生活态度。

观止斋做普洱茶，包括生茶和熟茶，也做红茶。在原料的选择上，观止斋坚持使用纯正的云南古树茶青，一方面是为了保证茶叶品质，不含有化肥农药残留，另一方面是为了将更好喝的茶呈现给茶友。也正是因为这样的品质追求，才让观止斋在茶叶领域走得很远。

在多变的市场中，企业要找准定位，要理性分析市场、顺应市场，选择好企业的经营方向，坚持大方向并在运营上少犯错误，这样才能不断地成长壮大。在做品牌上，要求真，不管多大的买卖，都看成是心灵的沟通。这考验的是企业家的胸怀，也是观止斋做茶叶的态度。

**摩闪鸡尾酒：“健康、时尚、快乐、个性”的品牌理念**

摩闪品牌有着悠久的历史文化，它见证了美国历史的发展。摩闪品牌创立于18世纪，摩闪的英文原名意为“闪亮的月亮”。摩闪追求的理念就如同它的名字，既有威士忌酒的晶莹，也有月光下恬静的意境。因为摩闪的历史，也让摩闪身上多了一层文化内涵。

摩闪鸡尾酒始于20世纪，摩闪品牌始终倡导“有限畅饮、无限福祉”这个理念，鸡尾酒的诞生也是符合这个理念。摩闪酒在2008年被引入中国，选址在湖南省华容县桃花山脚下，那里的纬度和气候同美国阿拉巴契亚山脉很相似，水质优良，适宜酿造纯正的美国白酒。目前摩闪酒仅通过高端特供渠道流通，正是由于这种稀缺性和新颖性，这款在市场上很少能买到的限量酒供不应求。

2015年，摩闪鸡尾酒登陆中国，由美国调酒大师调制成适合中国人口味的鸡尾酒。因为产品的升级，很快就打开了市场。加上国外政府对自身酒水的支持，也让摩闪在中国的发展顺风顺水。

摩闪不断地开拓市场，也不断地提升着品质。它从产品入手，把高品质当作招牌，对产品的精益求精让它有了更好地推广产品的理由。加上独特的市场营销模式，给摩闪鸡尾酒披上了一层神秘的面纱，足以调动起消费者的购买欲望。相比之下，我国的国产白酒产业目前已经成为农业产业的引领者，随着酒业发展的动力与品牌定位的转变，厂商关系也在重新构建，白酒行业的渠道特性也会向快消品转变。国产酒的发展要借鉴其他国家的成功经验，也要发展好自身的实力。

随着市场的扩大和关联化发展，许多产业连成了网络。当前大众消费需要更高的便捷性和更广泛的终端分布，而农村市场也将告别过去消费市场的封闭与割裂。白酒产业和农业也会进一步联系，使大农业品牌的价值更加具有内涵。企业品牌的打造，靠的是自身过硬的产品，还有不断升级的技术，加上无时不在的网络信息，让市场保持流通，也让经济得到更快的发展。

# 第四章 品牌农业不断发展的法宝

一个品牌建立起来以后，就要考虑发展的问题。想把品牌发展好，就必须知道发展品牌的规则。农业品牌的发展需要各方面的共同打造，只有把这些方面都做好了，才能打造出最好的农业品牌。这既是农业品牌发展的法宝，也是一个企业做大做强的有力武器。

## 品牌企业要有责任

想打造品牌农业，就需要企业具备责任心。一个企业必须有责任心，才能把品牌做大做强。企业的发展要考虑的是长久，不能只看到眼前的利益。

在品牌农业上，企业家具有责任心和事业心，这是企业走好每一步所必需的品质。开创伟大的事业、推动产业的进步、引领消费升级、打造知名的品牌、成就卓越的企业，应该成为每一位农民企业家的信仰和追求。而想要实现这些目标，就要求企业家和企业在运转的过程中，有着对消费者、社会的责任心。

农业领域关乎食品安全，具体地说，关乎着每一个老百姓的生命健康，因此和其他行业比起来，农业从业者更需要强烈的责任心。责任心要求企业严格把控产品的安全，重视对产品的品质进行升级，更重要的是对同行企业的尊敬以及对市场良性竞争的把握。在我国农业企业中，一些经营者在这方面做得并不够好，迫于市场的竞争压力，企业并没有把精力放在推动产业进步、引领消费升级、做大品类上，而是唯利是图，在市场竞争中大肆拼成本，采取降低价格的超低营销，更有部分企业采取不正当竞争，对农业市场产生了负面影响。

市场上出现了问题，就代表着机遇的产生。随着市场的不断发展，政府和市场的双面调控都让企业在建设品牌的路上越来越注重合理发展。许多企业家已经清楚地看到市场中需要产业重整、产业升级的重大机遇，看到了企业家实现人生价值的宝贵机遇。在农业科技的推动下，农业的发展已经超出了原本的想象。也正因为如此，农业市场才会不断提高品质要求和竞争要求。未来要想在农业市场上站稳脚跟，打造出独属于自己的品牌，就要把握好眼下的机会。

在品牌农业的时代到来之际，打造品牌农业不仅是解决食品安全问题的需要，更是中国经济升级、产业升级、消费升级的必然选择，是

许多企业必须主动承担起来的责任。从企业发展的责任到消费者责任和社会责任，这些责任很大，是压力也是动力。只有肩负起这些责任，企业才能找到适合自己的发展道路，也只有承担好这些责任，企业才能长久地走下去。

## 为产品树立个性化品牌形象

产品都需要个性化的品牌形象，品牌形象决定着消费者对产品的第一印象。想在市场中把品牌做大做强，就要对产品的品牌形象进行设计。只有品牌形象受到消费者的青睐时，消费者选购该产品才能成为可能。

品牌形象要少而精，塑造品牌形象的目的是通过聚焦来加深公众对产品的印象。在农产品品牌的设计上，要进行少而精的定制化设计，不仅要在其中体现品牌个性，还要打造出良好的宣传效果。品牌的个性是区分品牌的重要依据，是塑造品牌与品牌之间形象差异的有力武器。

即使存在着企业间的不良竞争，出现模仿形象的事情，但本质上的个性是无法复制的。

一个产品的品牌个性是品牌自然流露出的最具代表性的精神气质，它是品牌人格化的表现。品牌的形象比品牌的个性内涵更广，并且包含了品牌个性的内容，从标志到形象再到个性化的最高层面，都是独一无二的。品牌个性比品牌形象更深入一层，形象只是形成认同，但个性能够带来崇拜。这正是品牌要打造出个性的原因，只有这样的品牌才能得到消费者的推崇。

因为不同的产品以及不同的企业经历和发展模式，用一种模式来建立品牌个性是不可能的。每一个品牌都希望自己拥有独特的个性特征，但是在品牌个性的建立过程中仍拥有一定的共同点，在共同点的指导下，加上自身的实际情况才能发展成为独属于自己的个性品牌。要建立品牌的个性需要做到以下几点。

### 一、要从品牌定位及核心价值观出发考虑品牌的个性

品牌定位及品牌的核心价值观是品牌个性的基础，品牌个性是两者的人性化表现。要把品牌定位摸清，在形象中彰显企业和产品的核心价值观。

### 二、考虑消费者的未来期望

消费者在消费商品的时候，总是对商品抱有一定的期望。除了要知道消费者对产品当下的期望，也要考虑到未来消费者对产品的期望。这是为了更加持久地维持消费者和企业之间的关系，让消费者对企业产品的信任纽带不会断裂。在农业产品上，随着人们生活水平的提高，还要预估到未来消费者对农业产品的要求会趋向绿色环保和生态化。总之，企业要打造个性品牌，就要看到前景。

### 三、展现品牌个性的潜力

要想取得消费者的信任，就必须把品牌的潜力发挥出来。只是口头上的描述，是不会产生未来效应的。要挖掘出品牌中个性的潜力，并

且要不断呈现在产品上和消费者的面前。让消费者切身体会到品牌的个性化，并且相信品牌的个性化会不断发展。

### 四、品牌个性要简单

品牌的个性越简单明了，越容易被人记住，也越能深入人心。一旦品牌的个性化复杂起来，就会让消费者无所适从，品牌就会成为两面人甚至多面人。只有始终如一的品牌才能被消费者接受和喜欢。

### 五、品牌个性化需要不断地投资

品牌从一开始就需要正确的规划，有了正确的规划，还需要有持续的投资。想让品牌走入市场并被消费者记住，拥有持久的生命力，就需要宣传和打造声势。一个品牌的个性特征需要经年累月的积累和肯定，只有在长时间的检验中，品牌的个性才能真正深入人心，成为品牌持久的竞争力。

## 品牌的人格化

品牌要想建立得好，必须把品牌真正打出去，让消费者知道品牌的力量，了解品牌的发展和优势。将品牌人格化，可以有效地让消费者记住品牌，对品牌产生信赖，从而对消费者的消费行为产生积极的影响。

品牌人格也称为品牌个性，是现代营销学、心理学研究领域的一个焦点。其核心思想是认为广告不是只说好处、说形象，更要说个性。品牌应该人格化，即由品牌个性来促进品牌形象的塑造，通过品牌个性吸引特定人群。品牌人格就像人的个性一样，通过品牌传播赋予品牌一种拟人化的特征。品牌人格化可以有效锁定目标客户类型，依照不同的标准进行不同的定位。

在如今的市场发展条件下，我们要看到品牌的影响力，也要知道随着知识和科技的发展，人们对产品的要求是在不断提高的。把品牌打造得人性化，不仅是为了照顾人们在心理上的感受，也是为了满足不同客户的需求以开拓市场。把品牌人格化，可以与某一特定价值观建立强有力的联系，并成功吸引那些对该价值观高度认同的目标客户和潜在客户。

因为市场竞争激烈，必须把品牌做大才能吸引消费者。把品牌人格化，可以从品牌故事神奇化、品牌吉祥物人物化、品牌形象性格化 3 个方面入手。

## 一、品牌故事神奇化

把一个品牌和神奇的故事联系起来，符合人们潜意识里对神奇的事物更感兴趣这一特点。也就是说，品牌故事的神奇化能够满足人们的猎奇心理，使人们对品牌有深刻的印象和更多的关注。故事化是为了吸引人们的注意力，拉近产品和消费者之间的心理距离，在品牌和消费者之间架设起心灵的桥梁。

### 二、品牌吉祥物人物化

品牌吉祥物是指选择或提炼某一人物、动物或植物的个性特点或某一性质，并以夸张的手法创造出人格化的品牌形象。这种具体可见的形象能够直接表现出企业的属性、经营观念和产品特征，称作“吉祥物”。吉祥物能够为品牌建立很强的信息传递能力，具体的形象更能直接引发和补充消费者对品牌的印象，在无形中增加了消费者对品牌的亲切感。

### 三、品牌形象性格化

品牌的个性是品牌人格化后所显示出来的独特性，个性在心理学上的定义是各种属性整合成的相对稳定的独特心理模式。品牌形象性格化是创造品牌的独特性和形象识别，即品牌性格代表了一个品牌区别其他品牌的差异性，品牌性格个性化可以让品牌脱颖而出。由于品牌性格具有形象化和情绪化的特点，使品牌形象具有强烈的感染力，能抓住消费者的兴趣，起到增加品牌美誉度和保持消费者忠诚度的巨大作用。

品牌人格化是对品牌的进一步打造，一切目的都是让品牌更好地深入人心，同时也是为了把企业品牌推广出去，促进企业的发展和壮大，在创造更好的经济利益的同时为企业未来的发展铺好道路，奠定基础。

## 包装是品牌的代言人

品牌要推广，外表非常关键。俗话说：“佛靠金装，人靠衣装。”人们对美的追求一刻都不曾减少过，对品牌而言，有一个好的包装，在引导消费者的购买欲望、增加消费者对品牌的印象等方面都有很大的促进作用。

包装不只有美化和宣传商品的功能，还具有保护和储存商品的用途，在不影响商品销售的前提下，企业一定要为产品打造一个好的包装。传统的包装概念强调保护功能，现代包装则更强调符合产品要求和满足消费者需要的本质。不管是包装的理念，还是包装的材料，都随着时代进步而进步。随着科学技术的发展，包装材料也在不断升级，有了更加贴合实际的材料产品。对企业的设计人员来说，一定要熟悉各种包装材料的特性，才能在包装设计中科学地加以运用，从而设计出优美独特的形态结构，向消费者提供更多的符合现代审美的产品信息和选择。

日常使用的包装材料主要有以下几类：纸材、塑料、玻璃、金属。

纸材作为应用最广泛的一种包装材料，因为其资源广、重量轻、成本低以及折叠性好，又适于印刷，还可回收，被称为绿色包装材料。运用好纸材进行包装，能够给消费者耳目一新的感觉。纸材包装具体可分为纸、纸板、瓦楞纸等三大类。

塑料作为包装材料有很好的防水性、耐油性、透明性、耐寒性，加上其成本低廉，重量很轻，还有可着色、易加工等特点，因此应用十分广泛。塑料包装材料一般分为塑料薄膜和塑料容器两大类。

玻璃具有高度的透明性和抗腐性，而且拥有很多优点，包括制作工艺简单、造型自由多变、硬度大、耐热不透气、密闭性好、能够长时间地保存产品等。玻璃材料一般用于食品、油、酒类、化妆品等。

金属材料在19世纪初开始应用于包装，随着制造技术的进步，金属包装成为深受人们喜爱的包装形式之一。由于能够隔绝空气、光线、水汽的进入和香气的散出，还抗撞击，被人们广泛应用。如今常用的金属包装材料主要有马口铁皮、铝、铝箔和复合材料等。

包装的选择通常以科学性、经济性、适用性为基本原则，不同的取材可以制造出不同的包装材料，要在材料中体现出品牌的文化内涵，并且具备独特的视觉形象，才会给消费者留下深刻印象。设计师在设计包装的时候，要注意到市场的需求，充分发挥包装材料的优势，借助最佳的包装视觉效果做出最优秀的商品包装为消费者带来视觉冲击，达到销售产品、推广品牌的目的。

## 提高品牌认知度

品牌的认知度是指消费者对品牌的了解、记忆和识别程度。具体表现为消费者在想到某一类别的产品时，脑海中想起或辨别某一品牌的程度。企业要在消费者中提高认知度，只有这样才能让消费者在购买的时候选择自己的产品。

品牌认知是品牌发展的基础，品牌的认知度是评价品牌社会影响力大小的重要指标。如果一个消费者对品牌不认识、不了解，又何谈消费者对品牌的满意度、忠诚度呢？因此，给农业企业消费者塑造一种认知是重要的品牌营销策略，这样才能把产品不失时机地推销出去。要提高消费者对品牌的认知度，应该采取以下策略：

### 一、产品品牌的延伸

如今人们的生活水平有了很大的提高，导致人们的需求发生了巨大的变化，当前人们追求的目标更加精细化和科技化。企业要满足消费者的多样化需求，要丰富品牌的内涵，提升消费者对品牌的认知度，就要采取品牌延伸战略。品牌的延伸可以是横向延伸，也可以是纵向延伸。横向延伸是指企业对现有品牌向不同的类别的延伸，增加种类的多样性，以满足消费者的不同需求。纵向延伸是指现有品牌向同一种类的不同品种、性能、档次等方向延伸，把一种产品深入发展，以满足消费者不断变化的个性需求。

## 二、品牌整合营销

对品牌进行整合营销，不仅能够提高品牌的认知度，也能很好地帮助企业与消费者建立有效的沟通。这是一种新的商业模式，根据企业的情况具体选择，目的都是使消费者在最大限度上拥有某种品牌信息，让品牌的宣传能够深入消费者的内心。在整合的过程中要及时调整营销模式，把最适合的资源放在最适合的市场上，针对不同地区的不同特点采取个性化的宣传策略。

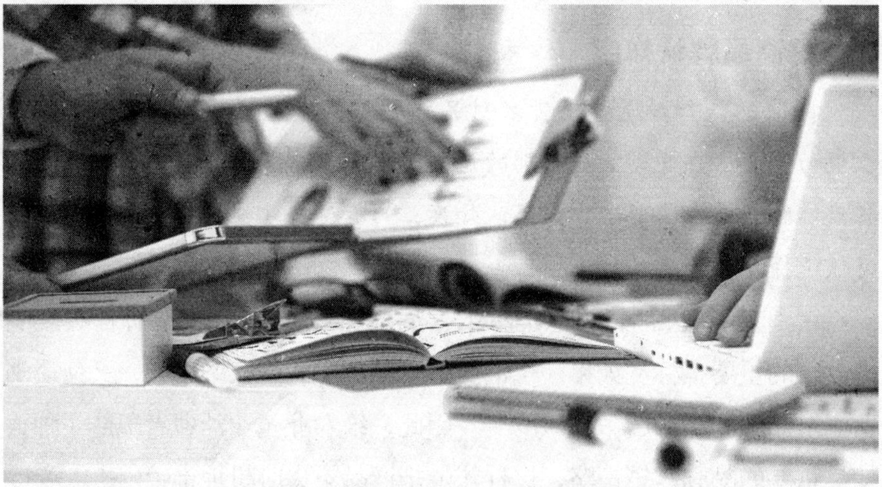

## 三、品牌个性塑造及合理设计

品牌认知度是消费者对品牌产生的一种整体感觉。由于消费者的性别、年龄、个性等方面存在差异，因此要提升所有消费者对某一品牌的认知度并不是一件容易的事。对此，企业要根据产品使用者的特征来塑造品牌。如果是针对特殊群体的产品，就要分析该群体具有哪些特征，使品牌个性与该类群体相符。在产品的包装、名称方面也要尽量显现该类消费者的特征。

这3种策略主要是针对影响消费者品牌认知度的3个维度提出的，在实际运用中，企业可以根据自身特点、实力来选择，也可以综合利用3种策略或采用其他策略来提高消费者的品牌认知度，实现企业利润的最大化。在市场竞争中，消费者对一个品牌的认知度越高，该品牌的品牌宣传费用就会越低。因此，一个企业要提高消费者的认知度，虽然前期的投入很大，但是后期有着巨大的回报。

### 要打造一个战略大单品

战略大单品是相对于常规战术性产品而言的，战略大单品是为了创造一个新品类、满足一个新的消费需求结构等战略目标。战略大单品未来会带动一个品牌成名，为本品牌创造最大的销售额和利润，并帮助本产品取得强势竞争地位。

农业企业打造品牌的过程本就不易，因此更要借鉴不同的品牌模式来为农业品牌的创造提供灵感。战略大单品是切实可行的，因为一方面企业的财力、物力、人力都有限，开发多种产品组合势必会在单个产品方面投入有限。另外，产品同质化越来越严重，市场竞争越来越激烈，

只有真正有创意、有实力的产品和服务，才能够在市场环境中赢得机会。

在如今市场产品错综复杂的情况下，专注于一个行业或一个产品、服务，并把它做到最完美，往往会有数不尽的财富滚滚而来。就农业企业而言，战略性单品的市场开拓，必须聚焦某一个根据地产品，并集中力量专注市场开拓，用大单品品牌理论武装思想。

大单品是单品策略的大型化，其目的是靠单品，特别是大单品撑起企业的一片天，助力和成就企业打破局面，或扭转企业的颓势。在群体性需求单一或需求饥渴，抑或是垄断供给的状态下，单品或大单品往往受到追捧。还有另外一种情况，在细分市场还比较局促时，用单品或大单品来开拓市场，效果显著，可占据主流或主要阵地。总的来看，这是低成本、风险小以及无竞争情况下的必选战略。同时从这3个阶段——消费者的认识、认知以及认可的有效性来看，单一的产品和想象更能发挥聚焦的积极作用，而且此时的消费者还没有个性化需求的意识和冲动。在这个时候去抢占市场和消费者，能够给企业带来更大的效益，同时对企业的产品发展有更加快速的推动意义。

战略性产品、战略性品牌、战略性品类等都可融为一体，在大单品的世界中，三者最终实现全胜的目标。战略新品是对一种产品成长的研究，而大单品是在许多成长起来的产品中，对其中一个产品的研究。大品研究是企业在全生态系统中以大单品或大单品群来构建企业的有力武器，可以帮助企业获得超越竞争格局的优势，确保企业做大、做强和做久。

## 给农业企业建立一套运营模式

建立品牌是一个过程，在建立品牌的过程中需要运营。运营需要根据不同的模式来运转，要找到适合企业的模式，才能有效建立起属于自己的品牌。

在建设品牌农业的时候，企业选择了什么样的商业模式，就决定了企业会走什么样的生存发展之路，农业企业也不例外。农业产业化是个大趋势，从这个意义上讲，“公司＋基地＋农户”作为一套运营模式，是现代农业产业化发展的必由之路。

这种模式以公司或集团企业为主导，以农产品加工、运销为龙头，重点围绕一种或几种产品的生产、销售与生产基地和农户实行有机的联合，进行一体化的经营，形成风险和利益都共担的经济共同体。这种运营模式的特征主要是立足本地优势，面向国内外大市场，依靠科技的进步形成规模经营。要充分发挥龙头企业开拓市场、引导生产深化加工、配套服务功能的作用，并且采取现代企业的管理方式，通过市场形成对农业生产的带动，使农民参与到市场的活动中来，得到真正的利益。

这样的模式能够实现产销一体化，农民不仅能从中获得生产环节的效益，而且能分享加工、流通环节的利润，从而增加收入。在企业的带领下，能够实现在内外两个市场的联合发展下，把农民的利益和企业的产品生产结合为一体。在土地产出率和农产品转化为商品率达到最大值的前提下，实现农产品的生产和市场流通的有效结合。

在明确了主导产业之后，就能充分发挥当地优势，按照市场需求，选择那些市场容量大、单位产出高、经济效益好的产业和产品作为开发

重点。要实现产业链优势，把生产、加工、储运、销售融为一体。对于区域的优势把握，要把区域上更多的生产区和各类专业乡镇、专业村联合在一起，建立起各具特色的商品生产基地。利用高科技的力量，把信息和科研融于产品的生产和推广中，把产品的市场打开。规模经营可以围绕提高劳动生产率和农产品商品率展开，优化组合生产要素，充分挖掘生产潜力，大规模、大批量地组织生产和经营，形成规模优势，实现最大效益。

考虑到农户的效益，企业必须有较大的责任心对农户负责。以经济效益为纽带，建立牢固的产业化协作关系。在实现企业的经济效益和品牌建立的同时，也要照顾到农户的生产效益。这样的一体化经营才能够促进企业增效、农民增收，并带动当地现代农业的发展。

## 高科技打造品牌农业典型案例

### 孟乍隆：书写泰国香米传奇

一个企业想要做大，需要有更加明确的定位，要找准品类，并深入发展。孟乍隆的成功验证了这一点，他们在时间的证明下书写了属于自己的企业传奇。

孟乍隆品牌考察团用了3年时间，在泰国的每一个香米产地考察，了解泰国每个香米产地的香米品种特性，造访当地许多知名专家，与泰国农业部、商业部权威人士进行商讨，且进行了数百份产品跟踪检测及无数次口感测试，终于获取了精准稳定且详尽的第一手数据，于2002年进入中国大米市场并创立了孟乍隆品牌。

在孟乍隆品牌进入中国之前，泰国香米市场鱼龙混杂，众多品牌参差不齐。由于多年来市场标准含混不清、商家众说纷纭，消费者选购的泰国香米可能都掺杂了泰国白米或是更廉价的巴吞米，甚至可能是外表形似的国产米。孟乍隆品牌刚刚推出的时候，因其价格高于其他品牌，消费者一时不能接受，其销量一直不温不火。但是孟乍隆并没有降低价格，而是凭借坚定的信念和卓越的品质，以及超出其他品牌的口感体验，最终通过了市场的检验。其对产品品质的追求、为消费者奉献最优质大米的企业价值理念，赢得了市场的尊重。

孟乍隆之所以能在中国市场上打出一片天地，和自身对品质的坚持是分不开的，但同时还有一个十分重要的原因，那就是企业对市场的分析非常到位。孟乍隆品牌的成功是因为他们选中了其中的一个门类，用单一的品种和全程的把控来实现单一产品的扩大。孟乍隆通过对泰国香米最优质品种——茉莉香 105 实行育种养殖，保留了产品最好的品质。

企业在采购上也坚持优质，从品种的选择到产品的加工，以及最后的包装，都在孟乍隆的控制之中。在长时间的努力之后，孟乍隆实现了单一最优品种、单一独立原产地、独立加工工厂的生产流程模式。正是这种不断追求极致的精神，使单一品种在原有标准的基础上，不断实现超越和精益求精。在孟乍隆三大核心产地的原粮生长基地，这里的农民完全遵循最传统的方式种植香米，保证真正的天然生态施肥和养殖，保证了最天然的品质。

从孟乍隆泰国香米获得成功的例子中，可以看到该企业抓住了其中的一个关键点。在品类占位上，孟乍隆的目标非常明确且集中，就是要占领泰国香米这个品类，因此在做好质量的前提下把消费者留了下来，可见品类定位在市场上是多么的重要。

### 克明面业：经典广告语开创竞争新格局

克明面业从1984年开始进行挂面的研究，从起步到发展一直坚持顺应市场潮流，不断地推陈出新，并且始终保持着自己的特色。正是因为如此，克明面业才在现代激烈的市场竞争中站稳了脚跟。

克明面业是目前国内最大的挂面产销企业，其生产能力、超市市场占有率皆为全国第一。克明面业始终专注于中高端挂面的研发、生产及销售，一直以“中国挂面第一品牌”为发展目标。克明面业高度重视产品的质量安全，选定点厂家生产不含增白剂的面粉为原料，采用含有高新技术的专利设备生产挂面。其中包含的六大系列的挂面品种满足了市场的需要，加上优良的口感和质量，赢得了广大消费者的信赖。

克明面业的广告词是“一面之交、终生难忘”，广告快速传播的

便利性让克明面业能在宣传上较快地深入人心。面对激烈的市场竞争，克明面业也在不断提升自己的品质，在产品、定价以及渠道等方面狠下功夫。为了打造品牌，克明面业在品质上花费了很多心血，企业严格筛选小麦品种，选择最适合做挂面的小麦品种为原材料，加强原辅料验收。同时关注制作工艺的改进，借用高科技的力量让挂面的生产更加安全。

除了在品质上下功夫外，克明面业在品类上也不断推陈出新，300多种产品覆盖全面，很大程度上满足了不同消费者的不同需求。同时不断进行深加工，跟上市场的需要，不断推出更加高端的挂面，用更好的品质和功能性挂面来开拓新的市场。在新的营销模式下，克明面业不断改进销售模式，从线上推广到线下活动，直营和专营渠道相结合，把克明挂面的品牌很好地打了出去。

面对激烈的市场竞争，克明面业根据销售状况，制定了对应地域市场的销售方法。同时用一线城市带动二三线城市，不断进行线下推广，让消费者试吃，其他空白市场则由经销商进行推广。这种不同地域采用不同办法进行推广销售的策略，是正确的市场战略判断。

不管多大的企业，想要做好市场，就必须适应市场，并且打造出独属于自己的特色。只有在独特的品牌个性下才能培育出众多的品牌拥护者。不断地进行创新和发展，提升品质，开拓更大的市场，才是企业稳步发展的关键。

### 西王："食油战争"中的一匹黑马

西王拥有中国最大的玉米胚芽油生产基地，也是首家登陆国内A股主板的玉米油企业。它的转型发展，是打造更加响亮品牌的方法之一。

在玉米油加工制造领域，西王一直是隐形的冠军，因为在西王打造品牌之前，它的玉米油产品多是卖给包括金龙鱼、福临门在内的其他食用油加工制造商，精炼过后以别人的品牌出现在终端渠道上。西王想要改变这种局面，想要做中国玉米油第一品牌，为此，西王集团开始转变经营方式，发展终端产品，走上了创立自有品牌的成长蜕变之路。

2010年8月，总部在山东邹平的西王集团正式启用北京运营中心，转移到了北京，这是西王开拓全国市场的重要举措。从此，西王逐渐完成了北京、山东、江苏等市场的布局，在经销商打开渠道后，西王开始和商超零售终端达成合作协议。在企业不断的进步中，他们找到了更大的平台，西王成为金德发展的控股股东，实现了华丽的转身。

在中国的食用油市场上，竞争一直很激烈。市场对玉米油的需求在不断增长，玉米油的整体市场在逐步扩大。但是玉米油的年生产量在市场中占比很小，加上其他品牌对市场份额的占有，让西王面临着很大的竞争压力。同时由于玉米油是从玉米胚芽中生产，原料的来源受到限制，也一样会影响到企业的发展空间。

在这样的困境和竞争下，西王始终坚持把食品安全放在首位，秉持“专业、专注、专精”的发展理念，深入研究玉米油品类的营养价值，不断做大、做强玉米油产业，在为自身树立良好品质保证的同时，也保

障了消费者的健康利益。在产品生产上，西王一直坚持选择高品质、无公害的玉米胚芽作为原料，运用高科技设备生产玉米油，工艺和设备都和国际接轨。在更加适合现代消费观念的情况下，把自身的玉米油做到了极致。

西王的转型和发展适应了市场的需求，在打造自身品牌的路上一直走得很稳健。因为品牌战略的打响，让西王在消费者心中占据了一定的地位，提高了消费者对农业企业品牌的认知度。这样既有助于扩大西王的市场，也有利于让消费者对西王有更加详尽的了解。

### 金龙鱼：如何成为益海嘉里拳头产业

金龙鱼的品牌影响力在中国是很大的，因为其品质可靠，也因为在长久的发展中人们给予了金龙鱼莫大的信任。金龙鱼能发展到今天，离不开其对自身的严格要求。金龙鱼打造出了很好的战略大单品，并把它做成了业内的大品牌。

金龙鱼是新加坡郭氏兄弟集团于 1974 年在中国成立的益海嘉里投资有限公司旗下的食用油品牌。在经过多年的发展后，金龙鱼系列产品涵盖了食用油、大米、面粉、挂面、杂粮、豆乳、调味品、餐饮粮油等八大领域，并成功打造出了一个战略大单品。金龙鱼已经成为业内的领先品牌，为消费者的健康饮食提供了丰富的选择。金龙鱼之所以能够成功打造一个战略大单品，是因为它在品牌中注入的元素：诚信、创新、品质和服务。这些元素满足了消费者的需求，也在消费者心中留下了印记。

在诚信方面，金龙鱼多年来信守承诺，在提升国民健康方面不断努力，创造出新产品来满足消费者的需要。在行业出现诚信危机的时候，金龙鱼通过诚信见证活动，挽回了社会大众对粮油行业的信心。金龙鱼改变了国内市场的消费习惯，又踏上了高科技的发展道路，研发出了促进膳食平衡的粮油。金龙鱼能走得越来越远，其原因就是不断地创新，不断地和市场、科技接轨。

如今的市场竞争非常激烈，但是金龙鱼凭借过硬的品质，在许多顶级国际赛事检测中留下了良好的印象。金龙鱼不仅在品质和服务方面非常用心，还借助科技优势和互联网传播，不断进行品牌推广和线上线下销售，使品牌形象更加深入人心。健康饮食不仅存在于企业中，也存在于社会民众的心里。

金龙鱼打造战略大单品的一系列举措，让金龙鱼在我国市场中走得越来越远。金龙鱼的大单品战略，让消费者得到了更多的健康和便利，在保证消费者享受到更好的产品和服务的同时，也让我国的粮油行业发展水平不断迈进，朝着世界水平看齐。

### 野力集团："公司 + 基地 + 农户"

**野力集团采取的是"公司 + 基地 + 农户"的生产模式，因为这种模式的施行，让企业的发展更加快速，同时能生产出更加生态化的产品。在激烈的竞争中，实现了产品的高质量保证，从而在市场上站稳了脚跟。**

野力集团的经营模式，在很大程度上对农户的发展有着推动意义。

因为企业的订单农业，让农户获得了实实在在的收益，改变了农户长期以来靠天吃饭的生产方式，极大地降低了农户生产的风险，使农户的收入得到了保障。同时也能让分散的农户集中起来，有利于扩大生产规模，降低生产成本，实现产业化发展。野力集团的模式在农业产业化经营的管理目标下，有着许多好处，概括来说主要有以下几个方面。

**一、产加销，实现垂直一体化经营**

在农产品的生产、加工和销售等各个环节上，野力集团采用垂直的一体化模式。从农户到企业，形成了一条既相互分工又互为依托的产业链。对葡萄基地的建设、原料生产、收购、加工、销售等全过程实行严格的专业化分工和企业化管理，解决了葡萄原料供给不稳定、质量无法保证的问题，具有集中性强、企业化程度高和专业化分工合理、有效等特点。

**二、通过制度创新，创建新型的双层经营体制**

野力集团负责与农户签订葡萄种植承包合同，对基地实行统一管理、统一投入、统一技术指导、统一收购加工等。农民则以劳务定额和

产品量分户承包经营。从农户经营到有效的市场行为，能让企业和农户共同获利。

## 三、在工农关系上实现双赢

野力集团通过和农户合作生产的模式，很大程度上解决了农户的收入问题。在产业化经营过程中，野力集团将农民稳定增收同企业的长远发展紧紧联系在一起。企业引进新品种，大面积种植，让农业生产符合市场的需要；同时以企业实力带动农产品的精加工和深加工，实现农产品增值的目标。实践表明，这种经营模式是一种双赢的模式，不仅为企业自身带来了盈利，也为农户的发展和经济来源提供了渠道。

## 四、生产方式上进行优质化生产和规模化经营

野力集团一手抓优质生产，一手抓规模化经营，而且公司将优质化生产和规模化经营牢牢连接在一起，从产品的品质到高科技的设备生产，野力集团一直精益求精，以基地连接农户，按农业现代化的方式实行规模化经营。

## 五、带动社区经济发展

野力集团在河北省昌黎县实行葡萄产业化经营以来，通过建立生产基地、修建厂房、租土地、招聘员工等，给当地的经济发展注入了很大的活力，同时为当地社区的人员务工和市场发展都提供了机会。同时在企业的带动下，当地的葡萄基地建设发展迅速，在产前、产中和产后都形成了具有相当规模的产业链，成为全县经济发展的支柱产业。

野力集团的经营模式是在龙头企业的带领下，和农户结合生产的一种模式。通过土地的流转，形成了农业经济增长的新动力。在保障农产品品质的前提下，通过高新技术的运用，把产品打造成市场上的独特品牌，同时也很好地实现了农民的增产、增收。

# 第五章
# 高科技推动品牌农业高端化

品牌农业的高端化是打造品牌农业的必经之路，低端化市场的饱和以及社会经济的迅速发展，都呼吁和需要高端产品的出现。打造高端农产品，靠的是市场和科技，许多企业都在不断加大高科技的投入力度。不管是产品的生产还是后期的营销，都是借用高科技手段来完成的。

## 农产品高端化的时代

*在每一个消费品类中，必须有一两款高端产品。要满足不同的需求，也要在一定程度上带领市场上的品牌走得更好。*

产品要在高质量、高价格、高定位上下功夫，不仅要“高”，还要“富”和“帅”。“富”是指能为企业带来高利润的产品，企业的财富要靠这样的产品来积累；“帅”指的是从产品品质、产品品相到内外包装都要吸引消费者。简而言之，这种“高富帅”产品就是农业上的高端产品。

农业不仅要满足人们的饮食需求，还要跟得上时代的发展，跟得上人们日益提高的要求。农业因为其广泛性，给人的第一印象是“土”，让其成为高端产品的路充满了曲折。但是随着社会的发展，消费者的需求在不断提高，农产品也要提高档次，才能得到更多的利益。要满足市场的需求，企业就必须实现农业产品和品类的高端化发展，这已经是一个十分现实和迫切的课题。

因为农产品本身的弱差异化，导致了竞争的同质化严重，这就为高端农产品的市场发展提供了条件，企业可以通过高端产品来实现差异化经营。更重要的是，在如今的市场环境中，超低营销已经不再是盈利的手段，只有不断升级才能找到出路。一味地拼低价，不仅会严重影响产品的质量，还会无限降低企业的收益，这样的企业如何能做大、做强呢？企业只有不断地提高产品品质，才能开辟出一条长久的发展之路。

在市场经济发展的今天，经济转型与消费升级促使市场上高端产品的出现。我国国民经济水平不断提升，消费者的消费能力大幅度提高，消费开始升级。消费者在满足了基本的需求后，需要更加精致的饮食生活。在同样的条件下，中国的食品市场需要多样化和优质化。企业要发

展，市场要进步，企业只有生产出品质更好的农产品，才能拥有更加美好的发展前景。

就建设品牌农业而言，必须让品牌增值。只有品牌的价值提升了，才能让企业发展得更好。要在一开始就坚持品质原则，不能靠低价来拉拢消费者，因为价格是对品质的一种反映，长此以往，消费者势必会对产品品质产生怀疑，这是得不偿失的。

要把农业做进高端市场，就要不断提升农业产品的品质。选择高端的发展路线已经势在必行，这是每个企业家都必须认清的现实。更何况，如今的技术条件已经不允许企业在低价市场徘徊，高新技术的发展势必会让市场不断进步，人们的思想和眼光在不断提高的同时，也会要求产品质量的提升。

## 做高端的认识误区

企业要做高端产品，就要知道高端产品的发展趋势和未来走向，不能盲目跟风。就像之前提到的一样，要有准备和正确的判断，才能走好每一步。

市场上消费的升级导致生产成本不断增加，激烈的市场竞争也逼迫着企业不断力争上游。如今的农业市场中，不少企业已经开始努力向高端市场挺进，但还有许多企业对高端市场的认识不够充分，主要存在着三大困难。

### 一、因为高端才做高端，但是没有价值的支撑

不少企业认为做高端产品就是换包装、提高价格，在产品表面做文章。但是这样做可能适得其反，让消费者反感，同时也会让产品失去本身的真实性。事实上，在消费者心中，高端产品除了本身的物质属性，还要具有更高的品质、稀缺资源、文化传承，甚至生活格调等附加属性，如果不能让消费者对这些价值产生共鸣，高价就是妄谈。一个好的高端产品，其本身就是一个价值符号，它本身所拥有的质量是其他产

品所没有的。

## 二、原本的低端资质要养大高端产品

许多企业想进军高端市场，这些企业本身有一定的实力，但是由于它们长期活动于低端市场，导致其定位也固定在特定的层次。这种企业想用原来的品牌和渠道打开高端市场的难度非常大，因为它们生产廉价产品的形象已经在消费者心中树立起来了，即使推出高端产品，一样会受到消费者的质疑，这是许多企业所面临的现实困境。

## 三、对于高端市场，没有适宜的产品组合

企业在开拓高端产品的初期，需要积聚资源，找到关键的突破口，看准时机打造明星产品，迅速在市场上占领一席之地。在明星产品取得一定市场地位并树立起相当的品牌声誉后，就要适时推出适当的产品组合，这样不但能稳固高端产品的地位，阻击同类型竞争品，还能形成占利、占位、占量的全面布局。然而，一些企业未能对高端市场合理分析，出现了产品组合不当或缺乏适宜的产品等问题。

打造高端品牌切不可心急，这需要企业花费时间、精力等精心经营和培育，放弃原本在低端市场上急功近利的做法，在产品的品质升级上下功夫，不断创造新的可能性。只有品牌在质量上和市场上都赢得成功，才能真正实现转型。

## 分析哪些涉农产品适合做高端

在农产品方面，许多企业都想走高端路线，但并不是所有产品都能打进高端市场，也不是所有产品都适合高端市场。只有明确哪些农产品适合高端市场，才能更好地把产品推广出去。

在现有的市场条件下，要分析好市场上真正缺失的产品，才能把符合市场需求的农产品推广出去。如今消费已经升级，在现有的产品基础上，在高端市场上缺位的是产品品类。

因为现在的生活水平已经有了很大的提高，消费者在满足基本需求的同时，已经在追求更高层次的需求了，这就督促着农业打造出更好的产品。如今许多行业都需要走更加高端的发展路线，从生活中必不可少的调味品，到肉类和主食类都是如此。

生活中必不可少的调味品在高端市场需要更好的品类，例如，海天推出的特级酱油系列产品，其中氨基酸态氮含量高达 1.2 克每百毫升，远远高于国家标准氨基酸态氮大于等于 0.8 克每百毫升的规定。也正是因为这样的产品，让原本的产品打出了新的市场，在高端市场上的销售增长势头良好。

在众多的快消品类中，高端机会正等待着有备而来的人们，猪肉市场需要高端产品来打破僵局，自从瘦肉精曝光之后，市场呼吁更加放心和安全的猪肉。牛肉市场一样需要高端，在猪肉市场经历高端化品牌竞争之时，牛肉市场似乎显得毫无波动，这也正是高端牛肉市场的机会。例如，日本的神户牛肉，这个品牌因为其高品质的肉质享誉全球，经营者对神户牛肉的品种和培育把控极其严苛，实行非常精细的标准化管理，同时指定授权出售方式等，这些策略都值得中国企业研究和学习。

我国农业的许多产品都需要高端产品，加上如今的市场竞争力，企业要想在高端市场上闯出一片天地，就必须有更加科学的规划和充分的准备。利用高科技的力量，对市场的潜力和风险进行预估，不断进行尝试，采用高新设备和先进模式来实现高端市场的发展。

在许多行业持续进行趋低营销的情况下，高端品类、高端市场发展出现机遇。因为行业呈现竞争的白热化，整个行业一直在往低走：低成本、低价格、低品质，企业利润越来越少，经营手段越来畸形，消费者对行业也越来越不信任，这正是做高端产品的大好时机。这也是在行业同质化的时候，出现高端产品的原因。

原料或者品种相对稀缺、珍贵，具有不可复制地域特色的品种，这类特色农产品因其在品种资源上的稀有性或独占性，也非常适合做高端。立足于地方特色做高端产品，更加容易打开市场，也更加容易获得成功。

### 高端品牌是如何打造的

要想打造高端品牌，就必须满足一定的条件。市场提供了机会，时代提供了技术，在这样的情况下，企业要做的就是提高自身，借助各方面的条件，利用一切可以利用的资源，把高端市场打开，打造高端品牌。

高端品牌必须有内在价值和外在形象的塑造，二者缺一不可。每一个条件的满足都是打造高端品牌的助力，企业要根据自身的实力和发展情况来对这些条件进行加强。

## 一、高端品牌的价值基因

独树一帜的品牌基因是建立高端品牌的地基。在这方面，首先要有原产地价值基因。这是因为消费者对农产品的地域优势有很大的认可性，若能将这种独具特色的产地优势转化为品牌优势，可有效提高品牌知名度和产品溢价能力。其次软文化的价值基因必不可少，文化是最具特色、最能体现差异、最不可替代的基因，是打造高端品牌要植入的内容，为的是让消费者记住一个故事，一个只关于这个品牌的故事。例如，依云是高端水的一个代名词，那句“阿尔卑斯山的雨水流到依云变成了高品质矿泉水，流到日内瓦和洛桑却什么都不是”让人印象深刻，因为其背后的许多传奇故事，让依云蒙上了神秘和高端的色彩。

此外，企业还需要高标准的价值基因，打造品牌的最高境界就是创设标准，高品质离不开高标准、严要求的打磨。高端产品的建设，说到底还是高品质产品的追求，完善的生产基地、高科技的设备利用、严格的技术把关、领先的质量标准是取得消费者信任的因素。在产品的监控方面要做到安全、健康。产品安全是第一关，不管多好的品牌都需要把好这一关。

最后是独特工艺价值基因，这是一个企业特有的工艺技术，将特有的工艺技术融入品牌，也将成为高端价值主张。

## 二、高端品牌的气质和形象

消费者对一个产品的了解，是由外而内的过程，因此高端品牌的形象打造一样很关键。首先，好的形象必须能彰显独特的品牌个性，品牌个性是在品牌的定位下，结合消费者的心智而设定的品牌看法或感

觉。针对不一样的产品，要创造不一样的个性。其次，要打造专属的视觉符号，这是一个品牌被人第一眼记住的样子。最后，要推广高端形象，就是让高端品牌形象规范化和规模化，让消费者形成重复、多次记忆，使高端品牌形象深深刻在消费者心里。

### 三、高端品牌的渠道和终端

在这方面首先要创立适量的高端渠道，确立高端形象。高端形象渠道是市场自身提供的价值渠道，象征着产品的品质和品位。想要开拓高端产品的渠道，就应该从发掘高端渠道入手，打通一定数量的高端渠道，建立高端品牌形象，为日后的市场开发打下基础。其次要适时分步开拓大众渠道，扩大销量。高端品牌建立之后，也要适当地走大众消费路线，这样才能为企业创造更多的销售空间。最后要适当促销，包装突出，体验为上。不管什么产品，促销都是必不可少的环节，即使是高端产品也需要适当的促销，这样不仅能提高销售份额，也能更好地推广和宣传产品。

### 四、高端品牌的传播

在传播和宣传上，首要任务是凸显价值和对价值的信任。高端品牌的宣传，更多的是对品牌的价值宣传和对价值信任的宣传，目的是让消费者知道品牌绝不是只有价钱没有价值的产品。在传播形式上，要在大众中包含针对性，通俗中包含高雅性。因为高端品牌的定位与大众产品不同，也就决定了受众不同。在信息时代，自然需要借助互联网的力量让产品的口碑快速传播出去，为产品奠定质量基础。同时也要在社交媒体上进行传播，借用媒体的力量和科技的力量进行宣传。知名度是品牌产生溢价的基础，高端品牌不等于不能采用大众传播媒体，但要注意适度传播和所采用媒体的档次。

高端品牌的打造需要各方面的努力，不管是产品本身还是后来的营销。从开始到最后的发展，依靠的都是高新技术的推动，产品需要升级，营销需要科技。所以，企业要利用好现代科技，而高科技也渗透到企业运作的方方面面。

## 如何进行品牌传播

品牌的传播是打造品牌不可或缺的环节，不管是新品上市还是品牌创建，都必须依赖传播。品牌的传播要有战略高度，也要有务实精神。

在高度激烈的市场竞争下，企业要想成功打造高端品牌，必须把握好营销中的宣传环节，这是打开市场的第一环节，也是在消费者心中树立第一印象的重要环节。在如今的供需关系中，产品的供给无论是数量、质量还是品种，都远远大于需求，消费者面对的不是商品匮乏的烦恼，而是选择的烦恼。正是因为有太多选择的余地，才需要品牌加大宣传力度，力求在消费者心中留下自己品牌的影子，让消费者选择产品时有选择企业品牌的可能。

### 一、战略传播要有高度

有高度的战略传播，就是要把战略眼光放长远。企业在战略布局和品牌发展上，立意要高，目光要远，要放眼全国和全行业，这就是所谓的“站得高才能看得远”。在食品市场上，不要因目前是区域性小企业就只看眼前的利益，要为未来的发展奠定好的基础。在做事的时候也要做势，紧跟市场变化，和行业共舞，和区域互动，做好传播、公关、新闻。要不断给企业制定目标，在行业中强占高端资源，抢占行业的制高点和话语权。

要有高度合作的大型媒体，在媒体的投放上要不局限于眼前的市场，适当地高举高打，从战略高度上选择高端媒体和行业权威媒体，做大传播，树立在全行业的品牌和渠道影响力。这就要求企业和互联网以及许多行业媒体联合起来，尽可能让品牌的影响力传播得更远。整合互联网资源，需要主动争夺话语权。在较大的媒体上传播信息，不仅可以降低成本和风险，还且是最好的信任背书。

## 二、战术传播要务实

品牌传播要务实，传播的目的是在市场中销售产品，渠道和终端要落地，销售也要落地。空洞的营销传播是无法给企业带来实在的业绩的。

传播务实，首先要战术聚焦，在区域内做强，建立战略根据地。营销是一场战争，要聚焦在相对小的区域市场，形成优势竞争力，培育战略根据地。有了核心的根据地，才能慢慢用核心根据地的辐射力量来影响其他区域。

其次要将高空的传播内容承接下来，落到实处。企业想要做大，就要把高空传播的规则落实到消费者的生活中，让消费者在生活中能够体验到品牌产品。高空传播，传播的是引导消费者消费的信息，但是真正落到实处，还是要依靠现实中的产品。

最后要广泛建立与消费者的接触点，让消费者深入体验产品的性能。大部分农业产品给消费者最直接的感受就是好吃，用口碑传播和反复购买的特性体现出来。要让产品和消费者进行接触，让消费者知道产品的味道，就能用最小的广告投入实现最大的收益。实地传播包括试吃体验、终端促销、进社区、搞讲座、搞团购等。不管采用什么方法，能抓住消费者心理的就是好办法。

## 品牌传播的法则

品牌传播要有方式、有规则，只有在科学的规则之下，才能把品牌真正传播出去。产品上市需要造势，因为这样才能把产品广告打出去，才能让消费者了解产品，进而购买产品。

进行品牌传播的过程中，除了自身产品的宣传，还要把品牌的力量传播出去，为之后的建设进行铺垫，同时也是为了让消费者信赖品牌的力量。因此要注意到以下几点。

### 一、战略性央视传播，强占心智制高点

通过央视等大型媒体进行宣传，是起到广泛宣传和权威宣传的最好办法，但与此同时也伴随着高额的费用和更加严格的要求。因此，更需要企业的魄力和决心。

二、聚焦性卫视传播，样板市场做透做深

样板市场想要做透、做深，就需要在区域上形成一股力量，让这股力量不断发展成核心力量来辐射周围。因此在传播中，一样需要地方卫视平台进行有针对性的传播，不仅能节省成本，还可以有效打造地方市场优势。

三、抢占公共资源，进行垄断性的公关传播

许多节目都有独家冠名，这就是企业在传播上的垄断传播。让自已的品牌进行独家传播，能够起到更加集中和广泛的传播效果。

公关是第一影响力，新闻是第一传播力。公关是企业或组织为了生存发展，通过传播沟通、塑造形象、平衡利益、协调关系、优化社会心理环境、影响公众的一门科学与艺术。在进行公关传播的时候，要借势和放大。借势是借用当下社会中的热点和焦点进行传播，不断提升自身品牌的传播力和影响力。

四、突破性互联网传播

互联网的力量已经不需要多说，它不断改变着传播方式，如今，网络传播和文化已经成了最不容忽视的一部分。网络传播快、受众多、交互性强、不间断、针对性强，通过网络传播，可以让品牌传播得更快、更远。在新品上市期间，突破性网络传播的应用将给品牌建设、快速占领消费者心智资源带来事半功倍的效果。

### 五、在终端销售上，要有生动性终端传播

销售终端已经不仅仅是产品销售的场所，也是品牌传播的全新媒介和通道。在精品的终端建设上，要统一整合传播工具，打造个性化的产品包装，设计生动的终端陈列，采用经过深度培训的一线销售人员。因为终端销售是最后的战场，是让消费者切实体验到产品的场所。对终端销售的重视，更加有利于品牌建设口碑。

### 六、要有常规性活动传播

高科技发展的今天，科技的更新周期越来越快，导致今天的创新可能在明天就会成为常规。因此，企业要把常态的营销工作做好，追求创新但是不依赖创新，要把常规营销中的潜能全数挖掘出来，用常规的手段打造出不常规的市场效果，这是企业在日常营销过程中应该重视的。

常规营销不等于无效，要看企业如何运用。要把常规化营销战略化，就是要求在营销的过程中有明确的战略目标，要为全局服务。营销要规范，就是要求在营销的活动上和形象上要统一，这是为了不断强化品牌在消费者心中的印象。营销要持续化和规模化，是要求营销的坚持和规模，不管用多常规的营销手段，在长时间的坚持下，一样能深入人心。规模化是考验企业的实力和决策，规模越大，效果越好。

以上6个原则是品牌在传播过程中要注意的方面，在实际运用中，这些原则要结合企业自身的发展情况进行适当调整。当然，面对如今的科技时代，借用互联网和科技的力量是必须要做的事情。同时要针对不一样的现实境况，采用不同的传播手段，才是使品牌传播效益最大化的方法。

## 高科技打造品牌农业典型案例

### 杜邦：做趋势的创造者

杜邦公司是一家以科研为基础的全球性企业，提供能提高人类在

食物与营养、保健、服装、家居及建筑、电子和交通等生活领域的品质体验。

杜邦公司成立于1802年，在全球70个国家经营业务。该公司打入中国市场后，不仅支持了中国工业和经济的发展，也通过引进和推广杜邦的高新科技和优质生活产品，推动了中国的社会发展和人民生活水平的提高。杜邦依赖高科技生存，也因为科技打造了自己的品牌。

今后，全球农业将面临三大挑战：对可再生能源和材料不断增加的需求，对安全保障日趋严格的要求，对提高全球粮食产量的需求。这三点既是挑战，也是发展趋势，会长期存在，同时也具有不可逆转性。

杜邦在这样的趋势下，主动应对环保危机，从自己的产品入手，一旦发现对环境有害，就选择缩短产品的生命周期并寻找替代品。在生产产品的过程中，杜邦把循环经济三原则落实得十分彻底，把减量化原则、再使用原则和再循环原则创新地应用到生产制造过程中。循环经济三原则在生产流程中的应用，使杜邦在面对环保危机时从被动转为主

动，有效提升了生产效率并增加了营收。

杜邦公司的崛起和领先，离不开高科技的运用和支持，通过高科技来推出新产品，研究产品的周期，不断研发满足各地民众营养需求的产品。比如，其在中国建立了分子育种技术中心，用来开发更加优质高产的农作物种子。杜邦用科学的管理支撑可持续发展，不管是应对环保危机，还是应对未来的发展，杜邦的可持续发展战略得益于以下三方面的支持。

一是强有力的领导力。公司高层在推动组织变革和发展的时候，需要领导者果断的领导力和决策力。

二是组织的架构。可持续发展是杜邦的一项直线责任，融入每一个部门的绩效指标中。这是公司发展的动力，也是公司协调的主要框架。

三是绩效评估。通过重点流程体现可持续发展的重要地位，通过沟通、培训、分享最佳实践以及审核和再评估等流程持续强化可持续发展的策略。

杜邦用不同的方式推动企业的发展，在高效的运作和高科技的支持下，不断提高市场竞争力，促进企业的发展。同时利用全球化资源，深入发展和研究高科技的带动力，通过创新和协作为社会的转型与发展提供可持续的解决方案，这正是杜邦谋求可持续发展的原动力。

## 孟山都：种子与农药捆绑销售

*要把品牌推广出去，要做更好、更高端的市场，就必须有更好的产品和营销策略。孟山都因此作出了改变，在原本的经营内容上适当增加了一些产品，使企业在开拓市场时又多了一个有力的武器。*

美国孟山都公司是一家跨国农业公司，是转基因种子的领先生产商。孟山都成为全球农业巨头的关键在于搭建了以“种子＋农药”为核心，集农资一体化、农业信息化于一体的农业综合服务平台，该平台以“种子＋农药”为双核，辅之以农业增值服务和农业信息服务，形成了全方位的产业平台。

把种子和农药结合在一起，实现捆绑销售，要买孟山都的种子，就要买孟山都的农药，因为在种子中植入了抗除草剂的基因，只有使用孟山都的除草剂才能既杀灭杂草，又不影响转基因作物继续生长。孟山都的农业综合服务平台构建了一个一体化的农资产业链，提供种子、农药等多元化农资产品；同时从科技研发上入手，不断延伸出中下游产品。孟山都还构建了数据处理平台，为客户提供农业资讯、市场信息、天气预警等服务，利用现代信息技术提高生产效率，向精准农业拓展。

孟山都的成功得益于其在产品上的精益求精，以及有针对性的服务。企业既卖种子又卖农药的模式在国际上已经成为一种趋势，并通过战略合作和许多企业达成了共识。在农业上，不管是种子的发展还是农药的进步，都是不可忽略的，因为它们的发展对农业的增产增收有着很大推动作用。

在中国种业的发展道路上，还需要不断加大科研力量，运用更高新的科学技术对种子和农药进行改良。要做成孟山都那样的模式，还需要更大的科研投入，对我国的农业发展来说，还有很长的路要走。在如今的市场经济环境下，必须有自己独特的品牌才能站稳脚跟，而为了让产品和服务提升，就要不断进行研发，跟上科技的进步，不能原地不动。

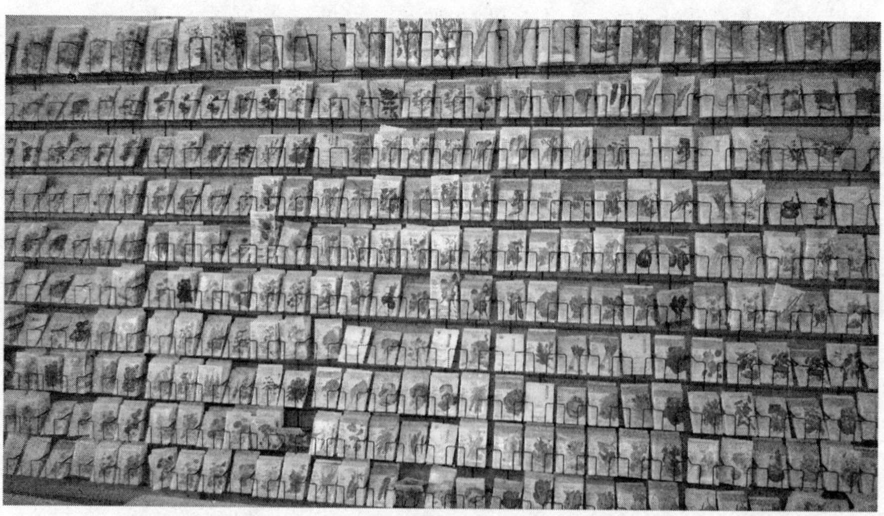

走好发展的每一步，就是不断地进步。

## 鲜橙多：帮助顾客提升需求

要在市场中开拓出一片属于企业的天地，是不容易的。但是企业依旧要迎难而上，因为一个品类的市场从开发到发展，是一个企业实力的重要体现。

在饮料发展的初期，消费者对饮料更多的是口感上的追求，因此那个时候是碳酸饮料的天下。但社会是在不断进步的，人们对饮料的需求标准也在不断提升，需要更加健康的饮品出现，于是市场上出现了除碳酸饮料之外的饮品，如纯净水、矿泉水等。之后时代的改变让消费者的观念不断发生着变化，市场对饮品的口感和健康又有了新的要求，于是新的饮品上市了。统一鲜橙多就是在那个时候应运而生，由于满足了新的市场需求，因此闯出了一片天地。

鲜橙多在适应市场和消费者需求的基础上，不断进行产品升级，满足了消费者对健康和口感的需求。在对消费者心理的捕捉方面，鲜橙多找到了最佳的消费心理，没有大肆宣传产品的营养成分，也没有跟风诉求健康需求，而是打出了最直接的广告语，让人们知道鲜橙多中含有

的维 C 是能让身体变得更加美好的。这种引导是大范围的，其效果比其他引导方式的效果好得多。

在果汁市场中，当其他企业还在口味、营养方面死拼的时候，统一鲜橙多已经把果汁中的维 C 凸显出来，并进一步概念化，让维 C 和美丽联系在一起，抓住了消费者的目光，很好地对产品作出了诠释。“统一鲜橙多，多 C 多漂亮”的品牌定位应运而生，品牌的力量就此深入人心。

鲜橙多的传播和宣传很是直观，通过对市场进行深入研究，让宣传绕开陷阱，打造出了不一样的宣传形式。这表明，不管是产品的生产还是后期的营销，一定要把握好市场和消费者的心理。

## 养乐多：奢侈的“乳制品贵族”

想要把一个产品打响，离不开产品外表的吸引力。品质和营销手段是不能缺少的环节，包装的推广一样需要重视。要抓住人们的目光，就要从各个方面进军。

酸奶、牛奶都是日常生活中不可或缺的乳制品，属于快消食品，购买十分方便，价格实惠。直到养乐多的出现，打破了乳制品的平价格

局，首次给乳制品披上了“贵”的外衣。养乐多最初在营销时就打造出了高端乳制品的标志，因此价格比一般乳制品要高，也就决定了其面向高端人群的产品定位。部分目标受众为了显示自己的不同品位，对养乐多十分追捧，不管他们消费的目的是什么，企业都达到了打造高端品牌的目的。

养乐多为了打造不一样的品牌效应，除了和同类产品一样做电视广告以外，还走进时尚杂志，主打高端消费群体，营造氛围，让目标受众对养乐多的品牌认识更加深入。这种宣传让小资群体很容易就接受了养乐多的定位，把喝养乐多视为时尚的标志，很好地提升了养乐多的销量。

养乐多开创的不仅是一个品牌，还是一个新的市场发展前景。在打造高端产品方面，养乐多运用不同的发展模式成功塑造了高端品牌，也让消费者了解并喜欢上了这个品牌。这就是养乐多打开市场的秘诀，也提供了给农业企业打造高端产品的经验。

### 六个核桃：3 亿到 110 亿的业绩神话

六个核桃的成功是企业抓住市场的结果，其不断地创造品牌价值，在探究消费者需求的基础上，不断进行研究和发展，对自身产品进行优化，在更加符合市场需求的同时，打造出了更好的产品。

六个核桃是河北养元公司出品的核桃乳饮品，从开始到后期的发展，不断深入市场和消费者的心中。因为核桃是社会公认的益智补脑品，而六个核桃抓住这个关键点，把产品带进市场，打造出了品牌。六个核桃采用高科技设备进行加工，最大限度地保留了核桃的天然营养，褪掉了核桃的天然涩味，使产品具有香、浓等特点，因此赢得了大众的青睐。在食用便利、口感佳、口味好及价格适中的带动下，六个核桃成为知名的大众饮品。

在市场上，六个核桃要照顾到大多数人的需求，因为它的定位是大众性饮料。六个核桃对潜在顾客的需求进行了深入的解读和研究。人们所追求的健康和生态，是六个核桃打开市场的前提。如今的时代是高科技运作的时代，脑力竞争已经成为社会的标志，脑力劳动成为许多人主要的劳动方式，因此，人们对智力的重视在不断提高。而附着在核桃健脑价值上的六个核桃正好吻合了人们的这种普遍需求。在社会需求下，机会被发掘和强化，就推动了产品开发出一个稳定而持久的市场。

人们对益智健脑的需求没有地域差异，是一种广泛的共性需求，具有成为大需求的可能。一般认为，市场体量由需求量决定，需求越强烈，市场越易形成，需求越广泛，市场容量也将越大。六个核桃应市场需求而生，自然也就更加符合人们的需求。

## 香飘飘："玩"出来的24亿的业绩神话

香飘飘奶茶的广告词深入人心，一句"杯子连起来可绕地球一周"极大地调动起了人们的好奇心。香飘飘成功的背后，是在经营手段上和发展市场上的前瞻性。

香飘飘做奶茶之初，采用的是试点营销，以学生为引爆点打开市场。在线下打开市场的情况下，运用媒体开始轰炸，用巨大资金在卫视上打广告，产品的品牌效应就此打响。也正是因为香飘飘的成功，在市场上相继有了更多的竞争对手，如优乐美、立顿、香约等品牌。在这样的情况下，香飘飘企业出台了更加宏大的发展规划，但是市场竞争已经到了白热化的程度，香飘飘已经没有太多分神的余地。面对强大的竞争对手，香飘飘在规划上必须作出决断。

在上述背景下，香飘飘有了一场企业改革，改革无异于刮骨疗毒，企业需要放弃一些东西，而这种放弃势必会影响企业当前的利益，但香飘飘还是毅然决然地放弃了。之后，香飘飘把全部身家押在了奶茶上，也就有了那句经典的广告语。

市场是不断变动的，市场竞争中必然会出现一些僵局。因为行情的不客观，香飘飘在面对竞争对手的同时，也要面对市场的失控。但是香飘飘还是决定跟上市场的脚步，没有在价格上屈服。在价格战之后，香飘飘靠着自身的销售模式和过硬的质量坚持了下来，成为奶茶行业的第一品牌。

## 蒙牛：特仑苏终结乳业薄利时代

“不是所有牛奶都叫特仑苏。”就是这句广告词，让特仑苏在一夜之间走进了消费者的心中。蒙牛开创了乳业的黄金时代，也终结了乳业的薄利时代。

蒙牛推出的特仑苏，是看准市场先机，颠覆传统的观念和行业概念打造出的战略新品。高端品牌牛奶的推广开了市场的先河，也提高了牛奶行业的标准。国家规定的标准是每 100 克牛奶中含有蛋白质 2.9 克，从未有人想过要超越这个标准，但是特仑苏的问世让这个标准被打破，100 克特仑苏牛奶的天然蛋白质含量达到 3.3 克。也正是因为这一品质的突破，才让特仑苏具有了高端品牌的价值。

在营销方面，特仑苏不仅仅提供零售，还可以整箱购买，颠覆了市场售卖的传统，突破了以往的消费习惯。打破原有的规则，从战略层面上让市场消费习惯重新养成，使特仑苏一举站在了高端液态奶的市场前沿。

在宣传方面，特仑苏也打破了传统规则，打造出了颠覆性的整体传播方案，用更加高级的形式把特仑苏推销出去。借助新的科技、新的媒体和新的模式，特仑苏打开了属于自己的市场。它的成功是打破僵化的思维和市场常态的结果，是乳业市场的一场变革。创新是时代的精神，对市场来说是如此，对产品来说也是如此。只有紧跟时代和科技的变化，才能用更加符合市场和时代的模式来实现自身的成功。

### 娃哈哈：要有自己的一套

娃哈哈作为一个老品牌，它的成功有着很多值得借鉴之处。娃哈哈企业的实力之强，产品之多，以及在市场上占有的份额之大，都让其成为食品饮料行业中当之无愧的龙头企业。

杭州娃哈哈集团有限公司创建于1987年，发展到今天，不管是资产规模、产品产量、销售收入，还是利润、利税等指标上，都是行业中的翘楚。娃哈哈的成功有着许多因素，首先是正确的战略思维，这是企业家的思维，同时也是创始人的智慧。娃哈哈的成功离不开长远的战略思维，也离不开领导者的正确决策。

娃哈哈在发展过程中建立的新型厂商关系，有着独特而强大的分销系统。娃哈哈的联销体模式，建立了共同利益基础的厂商关系。这种共同利益基础以价差系统来均衡厂商利益关系，严格控制价差，形成了厂商利益的均衡，保证了分销商的利益。同时，娃哈哈采取先打款后发货的业务模式，有效规避了企业的风险。又采取卖不掉的货由厂家负责

的办法，切实解决了经销商的后顾之忧。

娃哈哈产品的创新战略以模仿、追踪为主，在不断的模仿中慢慢超越对手。在产品方面，娃哈哈不断推出强势产品和主导产品，以强势产品拉大跟竞争对手的距离，以主导产品赢得利润空间。在科技方面，娃哈哈不断创新，进行技术改造。娃哈哈和时代接轨，是对科技的信任，也是看到了市场的推动力。只有在高科技的支持下，才能拥有源源不断的市场竞争力。

企业不想打价格战，但是必要的时候，必须直面战斗。娃哈哈总成本竞争优势带来的价格竞争力也让娃哈哈不惧怕打价格战，因为其销售模式的不同，规模优势带来的低成本让它能在市场上站稳脚跟。

品牌战略是打造品牌时必须要有的，娃哈哈作为一个大品牌，自然有其独特的品牌战略。不断推广品牌，把单一品牌做到极致，持续积累资源来提升品牌价值，强化了品牌的核心竞争力。对企业本身来说，娃哈哈一直强调“家文化”，员工队伍的稳定性和领导的有效性，保证了员工对企业的忠诚度，双向保障了员工和企业的发展。娃哈哈的成功是一个企业的辉煌，也是值得其他企业借鉴的好例子。

# 第六章
# 高科技提升品牌农业的战略“星”品

品牌农业的发展一定要有一个战略明星产品，这个产品在很大程度上代表了企业的形象，也会成为企业的代名词。明星产品有很好的带动性，能为企业在之后的产品推广上起奠基作用。农业企业要建立好自己的品牌，先要从一个产品入手，打造出属于自己的明星产品，继而带动企业的品牌建设。

## 明星产品成就明星企业

农业品牌要走向市场，一定要有自身的战略精品。由点带线，再由线带面，最后实现全面发展。而一个企业的战略精品要做好，就必须经得起市场的考验。

一个好的企业一定会有一个或几个卓越的产品，也可以称之为核心产品或明星产品。有没有核心的明星产品，以及产品在市场上的表现如何，直接影响着企业的兴衰与未来。就像娃哈哈集团的营养快线、双汇集团的王中王等，都是企业的明星产品。

农业产品要打开市场，作出更好的效果，打造出农业品牌，就要把一个或几个产品培养成精品，持续成功的企业都是高度重视明星产品的企业。一个产品在做之前，要有一定的决策思维，产品要与企业的战略发展方向相同，要与消费者的需求相同，还要对竞争对手、价格、渠道终端进行研究，之后再统筹决策。

在研究过程中，要分析市场，考察产品推出的效益，就要对各个因素进行科学的调查。如今的时代已经不能盲目地生产，高新技术发展到今天，科学的调查模式以及专业的人员摸底，是一个企业在进入市场之前必须要经历的过程。数据是行业发展情况的体现，即使会出现波动，但依旧是企业可以且必须依靠的力量。随着市场经济的发展，加上越来越科技化的控制，不管是市场的发展前景还是产品的周期更换，都必须处在科学管理之下。因此，一个企业要进入市场，就要先进行准确的调查。

一个产品的出现对市场的影响有多大，一样需要摸底。拥有更加

高效的团队和更加精密的科技设备，是推出战略产品的前提。用最小的误差和最低的成本来创造最大的价值，是每一个企业所追求的目标。在进行细致的摸底之后推出产品，不管是否能成为企业的明星产品，都不会让产品脱离企业的战略。

回归产品，专注于产品，把更多的精力和技术投入到产品上，实施正确的新产品战略，才能实现和市场上同类产品的差异化，这样的产品才能赢得竞争。伟大的产品才能成就伟大的企业，以小带大，才能实现企业的盈利。

## 新产品开发的误区

一个新产品的开发和上市，需要经过许多检测。企业要看到前景，也要预估到风险，确定是否要开发一个产品，必须要有精准的测评。而这些都需要依靠科学的调查以及对市场的深入研究，才能实现真正意义上的产品发展。

新产品开发时常常会陷入误区，只有在科学合理的分析之下避开误区，才能有效地推出好产品，在市场中打开一片天地。在新产品的开发中，主要有以下几个误区。

### 一、不事先调查定位就直接生产，忽略消费者

新产品开发的方向常常是由领导提议的，有的领导关注的只是能否生产，这样就会弱化市场调研工作，忽视市场竞争和消费者的需求。先生产产品再去求证质量，先购买设备再生产产品，然后想办法推销，是典型的主观代替客观的做法，不是市场化的思维方法。

### 二、跟风成瘾

在某些时候，必须要承认跟进成功产品是一些企业可以选择的路径，此举本身无可厚非，但是把这条路径当成企业新品开发的惯常机制就是不可取的。每个企业都有自己的长板和短板，通过一个或几个产品打造自己在某一领域或细分领域的核心优势，把根扎深，才能在未来拥

有竞争的资本和实力。如果企业只注重短期效益，看到市场有什么产品热卖就跟风做什么产品，是永远无法抓住最大的市场机会的。

## 三、只做最好，品质过硬变成品质过剩

对于推出的新产品，许多企业格外注重产品质量，导致成本过高，品质过剩。在符合国家标准和健康安全的前提下，质量是个相对的概念，并不是越高越好。优异的品质如果没有适应市场竞争，没有满足消费者的需求，结果只能是造成新产品成本过高，缺乏竞争力，市场难以接受，消费者也不会埋单。

## 四、面对群体过大，过度看重共性，忽略了差异性

企业在推出新产品的时候，往往会担心定位过窄，消费人群少，导致销量上不去；或担心定位过宽，看似满足的群体很大，但实际上什么也抓不住。这样的两个极端，让许多企业十分苦恼。正确的定位是要在消费者心中寻找空间，在消费者的心理上实现小定位，再把握机遇实现大市场。

### 五、产品创新极端化

产品的发展和创新是许多企业要面对的一道难关，因为市场变化太快，消费者对产品的需求也在不断变化，企业要想在市场中立于不败之地，就必须不断推陈出新，满足市场的需要。但也正因如此，让不少企业为了创新而创新，最后导致产品的失败。在产品的创新方面，企业要避免品类的过度细分，因为这种产品的生命力不够长久。同样地，也不能把不符合品类的产品打入市场，最后也会导致失败。

新产品是一个企业的活力，也是市场的活力，但是要在正确调研的基础上进行开发。产品要依托市场，而不能脱离市场进行随意的创新和变更。

## 战略“星”品的高度

战略“星”品要有足够的战略高度，要立足在企业之上，为未来的发展进行铺垫。企业的发展自然不会仅仅依靠一个单品，但是一个单品的持续良性发展确实能在很大程度上带动企业其他产品的发展。

战略“星”品就是战略明星产品，是指在未来三五年之内，能为企业贡献绝大部分利润和较大部分销售额的核心产品。这些产品不但是企业生存的支柱和发展的基础，还代表着企业的品牌形象，是企业发展战略的标志，并且深刻影响着行业的发展。战略“星”品必须有战略目的，同样还需要经过不同的选拔才能成为战略“星”品。

### 一、战略明星产品的战略目的

首先要落实发展战略，培育新的利润增长点。当原有产品出现停滞甚至衰退迹象，不能再为企业创造更多的利润时，企业就要积极培育战略明星产品，并扩大市场占有率以确保领先地位，不断推出新的产品保持市场活力。这样一来，市场占有率就会随着产品的推出不断扩大。推出明星战略产品一样是为了给品牌“保鲜”，让品牌永葆青春。产品是品牌的载体，长时间不推出新产品，品牌就会衰退老化。

另外，明星战略产品还能推动新生企业发展，改变行业竞争格局。领先企业往往已经形成对市场的统治，获取了最丰厚的利润。后来者要确立自己的有利地位，只有通过新产品的成功来实现。改变是唯一的不变，创新是阻击竞争对手最好的武器。

## 二、战略明星产品的选拔标准

要打造出合格的战略明星产品，一定要让产品符合战略方向，体现企业的核心优势。新产品的推出，除了为企业带动经济效益外，一定要为企业提升品牌质量，巩固和加强企业的战略优势。同时要符合消费趋势和消费习惯。推出新产品时，要保证产品的差异化突出，这样才能确保产品品质过硬。如果产品没有特点，结果必然是同质化严重，一旦同质化严重，就会导致和其他产品的恶性竞争，最终不利于企业的发展。

在打造战略明星产品的时候，一定要深度挖掘市场的潜力。在没有市场产品的科学数据和预估之前，不要盲目地进行。战略明星产品之所以是明星产品，是因为它代表的意义和其他产品不同，它拥有深刻的文化内涵、高新的科学技术和出色的品质。要满足这些条件，就需要企业进行细致而深入的调查和探究，建立在高新技术上的调查是打开新产品市场的手段。在高新技术的支持下，企业能通过更多的渠道了解市场，也只有在拥有高新技术的前提下，企业才能更好地发展产品。优秀的企业从来不吝啬在科技上的追求，因为他们知道，只有高科技才能真正推动自身的发展。

## 品类创新的办法

正确的品类创新能够帮助企业脱离激烈的市场竞争，在市场上打开一片新的天地，成就一个战略明星产品，这也正是企业在品类创新上不断前行的原因。

品类创新是企业争夺市场份额的重要手段，其实践意义在于它不断地为市场注入新元素，推动市场的进步，保持市场的活力。要实现品类创新，就要注意到以下几个方法。

### 一、要开创全新的品类，就要做得彻底

在开创新的品类时候，企业会进行市场调研。前面已经提到过，

市场调研的准确性在很大程度上影响着产品的推广和销售。为了让开创的品类能够成功分割市场份额，品类一定是全新的，不能换汤不换药，否则就不是创新。实现品类创新，必须建立在技术条件完善的基础之上，企业的软实力技术要完善，生产技术要完善，不管是生产之前还是销售之中，一定要有科学的评估。

**二、创造或者发现空白的品类概念，抢占先机**

把消费者心中的需求空白挖掘出来，才能达到更好的创新效果。因此，企业要找到市场上还没有被开发的品类，然后创造出新的产品。新概念新品类不是虚无缥缈或突发奇想得来的，其根本在于对消费需求的深层理解和对产品诉求的精准把握。

**三、品类创新还要分化品类**

虽然消费者的需求未发生巨大改变，产品在物质层面的属性也没有发生本质性的改变，但是可以利用新的技术和工艺，在原有品类的基础上升级或加减，推出细分品类来满足消费者的需求。进行品类分化，离不开高新的科学技术，高科技的运用是实现品类创新的重要一步。市场发展快速，企业如果不想落后，就必须有新的发展方式，而这些只有在高科技条件下才能达到。科技的高度，决定了产品研发的高度。

同样地，有时候品类的分化仅是改变形状和包装，只是消费场所变了、消费方式变了，就成了新品类。例如，法式小面包把原本的大面包分装，改变了人们吃面包的习惯，就成了人们能够随需要而吃的品类。大品类中有大需求，改变原本的满足需求的方式，也是一种新的方法。

**四、要打破产品的营销边界，融合创新**

要想长远发展，就要突破传统边界，创新性地借鉴和融合，吸收其他行业的资源和思想、模式、技术、方法等，找到新的路径，创造竞争优势。但要注意的是，在这样一个混合过程中，要有明确的产品品类属性，不仅要挖掘大品类的市场潜力，也要让消费者在思想上和口味上能够接受。

品类创新，要发展新的品类，实现分化，打破边界，其实就是要依靠市场信息和科技力量，而市场信息的收集和运用一样需要科技。在这个时代，企业要想发展好，每一步都离不开高科技的支持。农业的发展更是如此。

## 探究明星产品背后的包装奥秘

明星产品之所以能成为明星产品，是各方面共同努力的结果。打造出产品是第一步，之后有一项重要工作就是设计产品的包装。不管企业如何包装产品，目的都是打开市场，实现销售利益。

并不是每一个产品都能成为明星产品，一个产品要想成为明星产品，除了要做好生产、把控质量之外，还必须经过四步历练方能成功。

### 一、要在战略高度上定位

企业推出新产品不是凭空设想，其背后是企业的战略思考。在推出新产品之前，要给新产品进行定位，明确新产品在企业发展战略和产品战略中的角色。每个新产品的推出都要带有鲜明的战略意图，否则就会目的不清、思路不清、干劲不足。

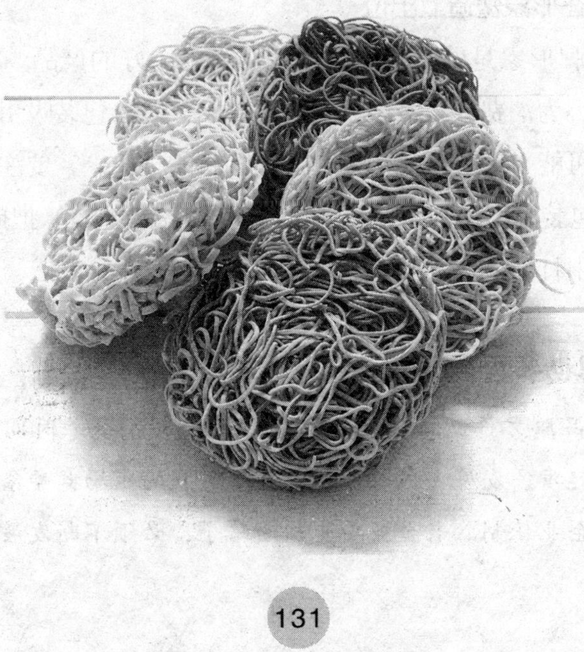

### 二、要在品类和品牌价值上抢位

新产品是一个企业打出的一张好牌，后续还有更多牌要打出来，因此对新产品的价值挖掘不能就产品论产品，停留在产品的卖点层面，而应该将新产品放在品类和品牌的高度上进行价值挖掘和占位。新产品是打开市场的第一块敲门砖，也是后续产品打入市场的铺垫。

### 三、要在产品的谋划上到位

塑造核心价值，是为新产品奠定基础的第一步，接下来就要系统地对新产品进行全方位的包装。新产品首先要有一个好名字，因为名字是给消费者留下第一印象的重要名片。好的品牌名称要通俗易记，同时也要有很强的品类属性，并且符合当下的时尚娱乐价值取向，同时也要在未来丰富品类时，有很好的涵盖力。

此外，新产品还要有一个好的卖点，利用卖点为新产品建立壁垒，让对手不容易跟进。总的来说，卖点要简单、直接、切入人心。要有一个好的诉求，好的诉求是物质层面和精神层面的和谐统一。好的广告诉求能一语双关，让消费者产生无限的联想。好的品牌背书是产品及品牌价值支撑的精缩版，是对品牌的进一步解释。

### 四、要在形象塑造上出位

塑造品牌形象是做品牌的重要内容，一个好的产品一定要有一个好的包装，因为消费者第一眼看到的是包装，只有包装吸引了消费者，消费者才有可能去了解产品的内在。在品牌的打造上，要注重品牌的包装，不仅要包装出产品的特色，也要包装出产品的内涵。把握好这一点，才能在市场中打出一片天地。

## 老品牌也要再度开花

在农业品牌方面，许多企业品牌已经生存了很长时间，甚至见证了新中国的起步、发展和成长，但是在新时代的市场竞争条件下，它们会被新生的企业压制。老企业要走出新路子，必须不断发展，才能成为不倒翁。

在大品牌领域，品牌老化是普遍存在的问题。一个品牌的老化，表现在提起这个牌子谁都知道，但是这个牌子已经无法让消费者产生消费意愿，至少不会是消费者的消费首选。高知名度和低认可度、低购买率是老化品牌的突出特征。品牌的老化会慢慢拖垮一个企业，让企业引以为豪的大品牌的销量越走越低，企业不想放弃，却又找不到出路。

品牌的老化其实有很多原因。市场的发展、新产品的不断问世是导致品牌老化的外部原因。因为新产品和新企业不断闯入市场，走在时代和科技的前沿，而老品牌还停留在原本的生产技术水平上，这样就产生了距离。消费者在不断更换，群体在不断变化，人们对新事物的喜好和对高科技的追求，是品牌老化的内在原因。

要让老品牌走出新道路，与时俱进，企业一定要打破对自身的认识，不要一味强调自己的老资格。想实现复兴，就需要从以下几个方面考量。

### 一、修复品牌定位

产品、品牌的定位针对的是当时的市场，不可能一直适应所有时代的市场，因此在新的市场经济环境下，老品牌要适当调整品牌定位，以适应新的时代需求。我国的农业企业不能停留在老路上，而是要不断地调查市场，转变发展模式，重新进行市场定位。

### 二、品牌的形象要更新

在新的时代中，消费者面对的品牌形象可谓是琳琅满目，想要在众多的品牌形象中脱颖而出，企业就需要对老品牌的形象进行更新。如今，科技已经成为生活中不可或缺的一部分，人们对新事物和高科技的追求体现在消费上，对品牌的追求也趋向于高端新鲜。老品牌要符合当下的主流观念，就要在形象更新上下功夫，否则就会和消费者脱节。

### 三、诉求对象要更新

更新老品牌的诉求对象，是对消费者群体的更新。老品牌的存在是一个时代的需求，但是要想发展下去，就要不断把新的诉求对象引进来。时代的变化让市场不断转变，企业如果跟不上市场的变化，就会被市场淘汰。

### 四、产品要更新

产品的发展和更新是适应市场变化的有力武器，运用新的技术和工艺来打造新产品，是应对品牌老化问题的有效方法。只有融入了当代高新技术的产品，才是符合时代需求的产品，才能让老品牌焕发出新的生机。

### 五、包装要更新

消费者的审美在不断变化，如果老品牌还延续之前的老路子、老包装，势必会被新的消费者所放弃。人们对美的追求是一直在变化的，包装的更新是吸引消费者的一条路径。

### 六、传播方式和渠道要更新

老品牌要改变传播方式，利用高科技的手段，加快品牌的传播速度。

例如，老品牌可以通过网络和新媒体来宣传自己的品牌，以达到吸引消费者的目的。同时，企业要更新销售渠道，用更多的渠道来销售产品，不能局限在一条死路上。

### 七、营销团队的观念要新

品牌的运行，说到底还是要靠团队的配合。一个老化的团队比一个老化的品牌还可怕，因此在企业转型的时候，一定要做好团队的思想工作，让团队尽快接受新观念，适应新科技，才能走好新路子。

让老企业品牌焕发生机，需要的不仅是产品本身的更新，更是企业内部的变化和进步。在新的科技时代，不管是产品还是人，都要努力去适应，才可能拥有美好的未来。

## 高科技打造品牌农业典型案例

### 南方黑芝麻：老品牌迎来“第二春”

南方黑芝麻糊是一个老品牌，在中国市场上走了许久。但是随着时代的发展，新的消费观念在市场上兴起，年轻一代对南方黑芝麻糊的需求已经没有那么多了，传统冲调食品渐渐被人冷落。南方黑芝麻要走出一条新路，打开市场，就需要更多的战略和勇气。

南方黑芝麻集团股份有限公司（以下简称南方）于1984年创立，是一家大型民营企业集团，以黑芝麻产业为主业，业务涉及黑芝麻健康产品的研发、生产、销售。在长久的发展中，黑芝麻糊已经成了南方的一张名片，人们一提起黑芝麻糊，就会想到南方。这是一个老品牌形成的市场效应，但也因此局限了南方其他产品的发展。南方在转型发展的路上，走出了一条新路。

从正确定位到对消费品的完善，南方把自己的定位落实在黑芝麻上，不断刺激着消费者对南方的认识，然后根据市场的发展和消费者对快速消费品的认识，转变了自身产品的性质。更加适合现代的消费观念，在很大程度上对促进市场的发展有着很好的作用。

要让南方在市场推广出去，不仅要从产品上下功夫，还要让形象跟上时代，为此南方找到了新生代的代言人。不管是品质上的改变，还是形象和宣传，南方都在竭力打造新生代的品牌和产品。为了跟上市场的节奏，南方把黑芝麻糊装进快消杯，让黑芝麻糊更符合现代人的饮食节奏。南方还在渠道上作出了改变，形成了以超市为核心，以特通渠道和流通渠道为双轮驱动和支撑的模式，实现了销售链的改进。同时，南方没有忽略现代科技的发展，在网络媒体上进行了大范围的宣传，把代言人作为传播的亮点，网络话题、网络口碑、轻广告、网络互动全面覆盖。全方位的针对性营销和推进，让南方在新的市场上打开了一条通路。

老品牌是财富，但是要用好这笔财富，才能让企业发展起来。从企业的领导开始改变，再到团队的变化，从内而外的改变，才能让一个企业焕发出活力。

### 湘村黑猪：高端猪肉的品牌营销密码

湘村黑猪是以湖南地方品种桃源黑猪为母本，引进品种杜洛克猪为父本，经杂交合成和群体继代选育而培育的国家级新品种。湘村黑猪于2012年通过国家畜禽遗传资源委员会审定，是湖南省目前唯一通过国家品种审定的具有自主知识产权的畜禽新品种，现已跻身全国五大生猪品牌。

随着我国民众生活水平的不断提高，许多人更加注重饮食的质量，在吃得健康和吃得安全上更下功夫。而猪肉作为肉食第一大品类，在打开高端市场上有着很大的潜力。湘村黑猪准确地定位到了市场的目标消费者群体，这样的战略定位很好地为湘村黑猪划定了市场范围。在定好范围的前提下，湘村黑猪还十分注重品质的宣传。在进行了科学合理的市场调研之后，湘村黑猪在产品的宣传定位上也找到了方向。儿时的味道，乡村的味道，本质的味道，也正是因为这些理由，让湘村黑猪找到了适合自己的发展方向。

用“青草拌粗粮，乡村自然长”的广告语作为产品支撑，是对产品品质的宣传，说明产品的质量是原生态的，这其实是对湘村黑猪饲养过程的一种揭示，能够让消费者吃得更加放心。广告宣传是面向市场的第一步，湘村黑猪在广告宣传上打的是温情牌，创意以情动人，抓住乡愿、亲情、生活，把人们的感情线索充分挖掘出来，打好了一场攻心战。公关是第一影响力，因为产品刚刚打入市场时是缺乏基础的，消费者对产品缺少认知，而制造有影响力的公关事件进行营销，能够第一时间吸引消费者的关注，形成品牌认知。

在这样的营销宣传之下，湘村黑猪走出了一条属于自己的道路，成功地在市场上打出了名号，在市场上闯出了一片天地。除此之外，也打响了猪肉市场上的高端品牌。

## 沁州黄：高端粗粮时代的领先者

**沁州黄作为中国小米品牌的先行者，率先完成了从产业价值到消费价值的转移，其打造品牌的办法和路径对全国许多特色农产品都有借鉴价值。**

时代在进步，从开始的粗粮到现在的精面，如今又回归到粗粮。这不是时代的倒退，而是随着时代的发展和科技的进步，人们对粗粮的价值有了新的认识，加上人们对返璞归真生活的向往。粗粮消费的高端时代已经到来，并极大地影响着市场的发展。作为五谷杂粮之一的小米，市场上的机遇已经显现，优质小米存在更大的溢价空间，沁州黄正是抓住了这个战略机遇，以打造高端小米的第一品牌为企业追求的目标。

农业走向高端，路程比其他产品艰难得多，但也正因为如此，农业的高端也更有价值。为了打开市场，沁州黄抢坐优质小米的头把交椅，不仅在小米上领先，还不断开发新的品类，开发深加工产品，做到彻底的差异化，确保在未来的产业竞争中立于不败之地。用最好的小米做最

好的粉，是践行沁州黄小米高端品牌战略的最佳路径。

在宣传上要打造出好的品牌，就要发掘出其中全部的潜力。根据小米的历史和故事，沁州黄小米的品牌打造出了“黄金产区，皇家贡米”的宣传口号，把小米的价值提升到了“皇室”高度。同时抢占公共资源，把沁州黄的历史故事融入宣传，把历史上的康熙打造成了小米的品牌符号，既抢占了文化宣传的制高点，也很好地完善了品牌的文化内涵。

沁州黄还打造出了谷之爱米粉，在包装和传播中和沁州黄小米相互注解，既相互独立，又相互支撑。沁州黄在生产米粉时，很好地抓住了市场对米粉的要求，同时在品质上不断升级，提出“天生小米营养，更适合中国宝宝”的消费主张。精准的定位让沁州黄走出了一条新的发展道路。品牌的背后是文化，在品牌的建设上，沁州黄充分整合了政府和社会资源，挖掘历史文化，通过线下文化艺术节以及美食体验活动等让品牌不断深入人心。

从产品到延伸品，从外在的包装到内在的文化，沁州黄创新出了一个新模式，也给农业企业的品牌建设提供了范例，这样的发展是符合企业发展的大战略的。

### 黄飞红花生：品牌创新打造明星产品

黄飞红花生从品牌的创新上，打造出了一个市场。一个品牌的建设，需要不断地进行创新，只有在不断的进步中，品牌才能推广得更好、更远。

山东省的欣和企业食品有限公司是一家调味品生产企业，凭借山东是辣椒和花生主产地之一这一地缘优势，从事农产品加工。欣和开发黄飞红花生，正值麻辣口味的川菜风靡全国之时，全国绝大部分地区的消费者都能接受这一口味，于是想到把麻辣口味与花生结合。在原料的选择上，欣和企业严格把关，坚持使用糖分高、脂肪低，不含黄曲霉素的优质花生作为原料。销量提高后，打造标准生产线，不断引进高新技术设备来改良产品，使产品的品质有了大幅提升。

企业的发展离不开对市场的清晰认识，同时也要针对自身进行提高。欣和企业把握住了机会，打开了新的市场大门，期间不断创新，结合高科技的力量提升自己的质量。

除了依靠产品本身的品质之外，欣和企业还有明确的市场定位，把最大的消费群体定位在企业白领和写字楼的上班族。并针对定位人群展开巡展宣传，不断把黄飞红花生的品牌推广出去，强化品牌在消费者心中的印象。

欣和企业打造出的黄飞红花生成为该企业的一个明星产品，带动了后续产品的发展。在发展过程中，欣和企业不断跟进市场变化，适时调整自身的发展方向。在产品改良上，欣和企业运用高新设备和工艺来提升品质。此外，还通过新形式的宣传让广大消费者了解黄飞红花生。

### 致养 100 原浆：打破核桃竞争的禁锢

致养 100 原浆是河北绿宝露食品有限责任公司（以下简称绿宝露）开发的乳饮料产品。在最初选择用致养 100 做核桃蛋白时，市场上已经有了遥遥领先的六个核桃，而且跟随和模仿者很多。但是致养 100 原浆还是在市场中打出了自己的一片天地。

绿宝露先是在品牌的命名上下功夫，从营养的角度体现诉求，把自身的营养成分充分的特点凸显出来。同时在产品概念、生产工艺和品牌诉求上进行再创新。引进新的科技，用全新的技术来打造不一样的产品。产品采用全核桃入料、坚果烘焙和低温冷磨工艺，在品质上锁定了全核桃营养，坚果烘焙工艺则保证了香浓的口感。在产品定价上，致养100瞄准了消费升级这一趋势，每箱售价75元至80元，既保证了产品的利润优势，也有了营销资源的可投入性。

在打入市场之前，绿宝露充分了解了自身的实力和市场的发展方向。绿宝露拥有积累的丰富的市场运作经验、良好的销售团队，以及过硬的产品品质。在明确了自己的品类方向和战略定位后，绿宝露对消费者进行筛选，对重点客户和市场进行打造，不断改变市场运行模式、资源投入模式等。科学的改造和对市场的准确预测，让致养100走得更远。

### 酒鬼酒：独创香型和文化元素的魅力

酒鬼酒的发展依托的是湘西自然资源的独有性和特殊性，这个特性成就了酒鬼酒独树一帜的香型风格，离开湘西就出不了酒鬼酒。有着独特地域特点的风格，充分体现了酒鬼酒的“大农业”品牌价值。

中国白酒有12大香型，其中的馥郁香是酒鬼酒独创且独有的。酒鬼酒股份有限公司的前身为始建于1956年的吉首酒厂，公司传承湘西悠久的民间传统工艺，依托湘西独特的自然地理环境和地域文化资源，独创中国白酒馥郁香型。酒鬼酒的酿酒技术建立在湘西民间酿酒工艺的基础之上，同时大胆吸纳现代工艺的优点，形成了独特的酿酒工艺，从用料到酿造，再从勾兑到储藏，都独具匠心。

酒鬼酒的成功一方面得益于先天优势。因为中国地大物博，许多农业企业都有很好的地理和气候优势。与此同时，产品本身的制造技术都有着一定的历史传承，非常具有文化价值，这就为农业打造品牌提供了先天条件。酒鬼酒成功的原因，除了自身的优势以外，还在于它能抓住市场机遇，更重要的是它能跟上时代的步伐，大胆采用新技术，既实现了对自身的突破，也为企业未来的发展奠定了基础。

农业有其自身的优势，一旦和高科技有效结合，就会激发出无穷的发展潜力。科技是第一生产力，这一点在农业上尤为明显。市场发展到今天，其中蕴含的科技力量已经很大，高科技已经将市场彻底包围，农业企业要走好发展之路，除了跟上科技的进步和市场的变化外，别无他法。

## 第七章

# 科技模式决定品牌农业未来

模式决定生存，更决定未来。一个企业想要发展得更快、更好，就必须有适合自己的发展模式。并不是每个成功企业的模式都适令自己，我们要从已经成功的企业中借鉴经验，结合自身实际，这样才能走好接下来的每一步。以下商业模式不仅为企业创造了利益，也为农业企业的品牌打造提供了经验。

### 依云模式：稀缺水成就财富

依云天然矿泉水的水源地是法国依云小镇，背靠阿尔卑斯山，面临莱芒湖，远离污染和人为接触。据说，依云水的名字是拿破仑三世赐予的，以纪念依云镇出产的这种矿泉水，依云水因此声名大噪，声名远扬。有了这样的文化背书，依云水的身价也随之大涨。

依云水来自阿尔卑斯山，是世界少有的无污染地区，海拔在 2000 米以上，年均温在零摄氏度以下。地域的唯一性造就了该产品的不可复制性，使之成为“世界上最贵的水”。

在依云的身上，我们看到了许多自然优势。依云水具有稀缺性，在可以饮用的水中，依云矿泉水占据极小的比例，物以稀为贵。除了水的稀缺性，还有产地的唯一性，依云水来自阿尔卑斯山，阿尔卑斯山是当今世界上少有的无污染地区，有丰富的无污染水资源，这是其他饮用水无法复制的。

依云矿泉水天然纯净，绝对无污染。在当地，制造商为了保证它的品质纯正，不惜花大价钱成立专门的协会保护当地土壤，鼓励大力植树，并严禁使用容易污染水质的化肥，这就从源头上保证了水的质量。为了打造好品牌，依云把自身的优势充分发挥了出来，从饮用水到美容喷雾，依云走出了一条新路子。用依云水喷脸，能够有效地给面部补充水分，让皮肤保持湿润，还可以帮助抹去脸上的污垢，让人精神焕发。这是依云打开的新市场。

依云一直走的是高端市场，它十分清楚自己的市场定位和针对的人群。通过科学的分析，依云把科技融入产品，调动市场上的信息推出新产品，加上限量的营销模式，让依云很好地打开了市场。在文化的融入上，依云一直倡导年轻的心态，以活力、健康的姿态享受每一天。依云一直跟随市场的变化，不放弃任何一个有价值的信息，不管是在科技上，还是在宣传理念和模式上，总能在产品上找到独特之处。

依云模式的成功之处在于自身的唯一性和稀缺性，在于对自身和市场的清晰定位，也在于紧跟时代和科技潮流，这是依云立足于市场并不断进步的保障。

## 双汇模式：用连锁来打造王者之师

双汇集团围绕着肉类加工项目，依靠“优质、高效、拼搏、创新、敬业、诚信”的企业精神，不断进行管理创新、技术创新、市场创新，实现了持续、健康、快速的发展。

双汇实业集团有限公司是一家大型食品集团，总部在河南省漯河市，主营肉类加工业务，是国家农业产业化重点龙头企业，企业每年消耗1500万头生猪、70吨鸡肉、17万吨淀粉、7万吨植物蛋白，年转化粮食1000多万吨，拉动了周边的养殖业、饲料业、屠宰加工业迅猛发

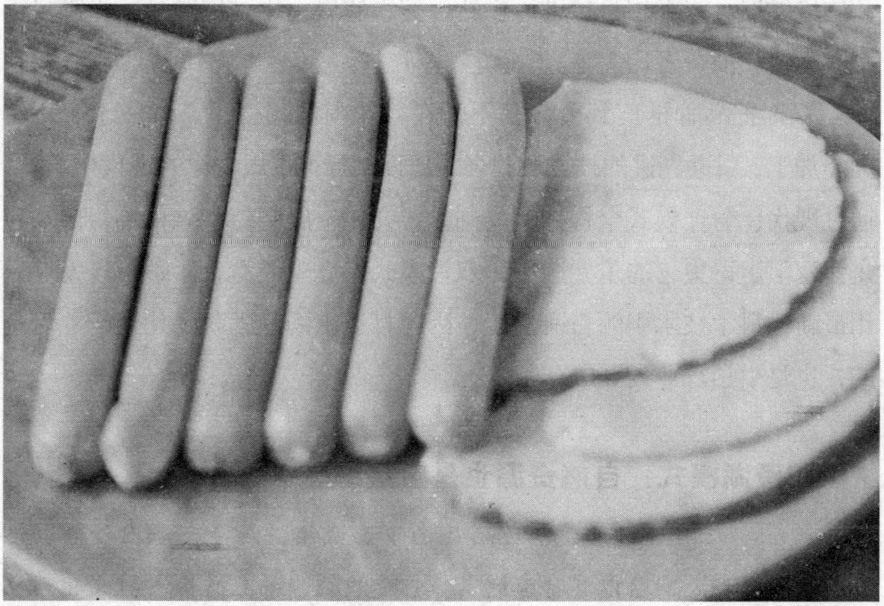

展，实现产值600多亿元。2016年，万洲国际（原双汇国际）在世界500强排名中首度登榜。

双汇集团连锁店主营“双汇”牌冷鲜肉及肉制品，主要采用直营、合资、特许加盟等方式，打造遍布全国的零售网络。与传统的营销方式相比，双汇的营销有很多特点，包括统一的形象、统一的价格、统一的服务、统一的配送和统一的管理，这是双汇在外部的统一性。在质量上，双汇坚持提供品质最好的产品，冷鲜肉销售不过夜。同时也十分注重自身的服务功能，在销售双汇自产产品外，还销售和百姓生活息息相关的外购产品。

双汇集团在运营上，引进先进完善的电子信息处理技术和计算机软件系统，实现了对物流、资金流和信息流的高效控制与管理。在高科技应用上，双汇成立了自己的软件公司，紧跟科技的发展。在企业发展的过程中，从市场规划到品牌战略，双汇集团一直续写着品牌传奇。从双汇制造到双汇创造，不断进行技术创新和改良，引领了中国肉类的变革。从速度发展到质量发展，双汇不断对原料进行把控，确保质量安全和质量发展。双汇用科技进行创新、完善质量，用过硬的品质来满足市场的需要和消费者的需求。

双汇把品牌推广到今天，不断在行业内掀起变革，专注于屠宰和肉类加工，引进先进的技术和设备，建设高标准、规模化的现代化工厂，通过现代化管理模式全程控制。同时，文化上的坚持和诚信的价值观也是让双汇走得更远的重要原因。双汇模式专注于质量，紧跟市场发展，用最新的科学技术引领自身进步，因此打造出的品牌既是让人印象深刻的，也是引领行业发展的。

## 阳澄湖模式：自然资源也是宝藏

阳澄湖大闸蟹出产于江苏省昆山市巴城镇，是享誉海内外的著名品牌。阳澄湖大闸蟹以其特有的美味广受欢迎，并且作为一种文化现象渗透进了人们的日常生活。

阳澄湖大闸蟹的火爆，不仅是因为它的质量，还因为它采取的商业模式。阳澄湖模式是通过品牌打造和渠道创新，将人们的消费需求调动起来，为传统农产品找到一条符合现代营销的新出路。阳澄湖模式依托的是资源优势，但是和依云不同，它依靠的是资源，发展的是文化。位于阳澄湖畔的巴城镇利用湖区的旅游资源，投资建成了省重点旅游度假区，同时确立了多业并举的发展方针，先后投资十几亿元，建造了河蟹贸易市场、餐饮店和交通等相关配套设施，沿湖遍布具有水乡特色的水上风情园、美食城等。

阳澄湖模式利用资源发展旅游业，又进一步利用旅游业与养殖业的互动来促进经济的发展。通过大闸蟹的名头吸引消费者，在推动旅游业和餐饮经济发展的同时，再次提升了大闸蟹的知名度，带动了养蟹业的发展。

当然，阳澄湖大闸蟹的宣传模式十分独特，通过线下的文化节让

河蟹身价随之上涨。一个产品的文化内涵是推动产品发展的助力。在宣传上，阳澄湖利用新闻媒体造势，不放过市场中的机会，自然就能在市场上看到希望。

随着生活水平的提高，人们对食品质量的要求和品牌意识也有了较大的提高。在品牌的树立与维护方面，产品的质量是关键。巴城镇在农业结构调整中，通过科学化的管理和养殖，加强高科技的引进和运用，建成了无公害水产品体系，使大闸蟹的质量得到了有效保证。与此同时，阳澄湖大闸蟹也走进了互联网，充分发挥电商模式的销售优势，开设旗舰店，成功打开了阳澄湖大闸蟹的品牌宣传和推广。

阳澄湖大闸蟹的成功运作，是农产品工业化管理、市场化运作的成功范例。阳澄湖模式的成功，让我们看到传统农业要想打出一片天地，就必须紧跟时代的潮流，用科学的方法打造营销模式和运行模式，大胆创新。同时结合现代高科技的力量，利用网络媒体和科学技术为产品推广和升级。只有质量不断提升，营销模式不断改善，才能让农业品牌走得更快、走得更好。

## 老干妈模式：佐餐食品界的“皇太后”

老干妈的发展是市场中的一个典型，它在所代表的佐餐品类开拓出了更广、更远的市场。老干妈的一切市场行为和奇迹，本质上都是依托其强有力的产品而存在的，它用产品为消费者提供了极致的用户体验。

老干妈曾经一年的营业额达到45亿元，创造了中国品牌的一个传奇。老干妈在产品上下了硬功夫，让低门槛、易跟随的佐餐品类有了门槛。老干妈坚持质量，味道即王道，因此得以热销多年。

在原材料的使用上，老干妈一直选择遵义辣椒，如今更是搭建了一条“企业 + 基地 + 农户”的农业产业链，绝大部分原料都来自老干妈的自产基地。老干妈坚持把品质稳定做到极致，不管消费者在什么地方购买，都能做到品质如一。老干妈尊重客户，保障客户的价值，加上其亲民的价格，让老干妈占据了有利的价格区域。

因为独特的风味，老干妈不仅在国内市场走红，还走出了国门，在国外市场中也打开了销售渠道。从区域战略根据地到全国扩张，又从全国市场打入到海外市场，老干妈的市场不断扩大的背后，是其无处不在的销售渠道，大区域经销策略让老干妈的招商变得极为轻松，品牌的力量让老干妈能在市场上获得更多的信赖和机遇。

老干妈把辣椒等原料变成了方便的佐餐食品，既是顺应市场，也是顺应消费需求。它迎合市场而出现，并通过本身的品质潜移默化地影响消费者。这就是为什么老干妈很少像其他品牌那样打“广告战”，却始终处于不败地位的原因，其自身过硬的品质和独特的风味就是另一种形式的广告，再加上其独特的标识，这个品牌已经深深扎根在了广大消费者的心中，这样的广告比任何形式的广告都更加完美、有效。

老干妈的发展是农业企业中的一个特例，它靠的是口碑和质量，而不是大肆宣传和推广。这样的发展模式需要长时间的积淀和严格的品质考验，以及较高的消费者认同率。农业企业的发展可以借鉴这样的模式，但是也要慎重选择。只有选择符合自己实际情况的模式，才能走出属于自己的道路。

## 褚橙模式：名人励志打破互联网

褚橙是云南的一种特产冰糖脐橙，因为种植人褚时健而得名，在宣传上结合了褚时健不同寻常的人生经历，打造出了“励志橙”品牌，在市场上打开了一片新天地，让水果随着文化不断深入人心。

褚时健创业的时候已经 75 岁，因为冰糖橙的生长周期长，对当时的褚时健来说是经不起损失的。创业期间褚时健吃了不少苦，走了不少弯路，但他没有放弃，而是不断地引进新设备，利用高科技，对化肥进行研究，提高产品的品质。在褚时健的努力下，褚橙借助网络的力量渐渐打开了市场。

褚时健的人生故事，让小小的橙子拥有了不一样的文化内涵。网络媒体的运营模式，让褚时健的橙子绑定了名人文化，市场得到了开发。褚时健的故事也随着橙子的销售不断传播开来。

褚橙的成功，预示着在现代社会，全新的果蔬产供销模式将占据主导地位——健康、安全、品牌化、直销的果蔬销售模式将替代传统的良莠不齐、环节繁杂、缺少品牌、不安全的生产流通模式。这样的改变不仅为褚时健带来了效益，更是对水果市场的一场变革。褚橙是农业企业打造品牌的优秀例子，它很好地利用了科技的力量，抓住了人们的目光和心理，并且用自己的成功告诉农产品经营者：农业产品一样可以走高端路线。

传统的农产品生产模式需要革命，需要打开更加广阔的市场，一个新的果蔬时代即将到来。在这样一个时代里，果蔬的生产和销售会更加透明化，将来，我们能看到更多的品牌站立起来。农产品市场需要更多的品牌，这不仅是为了带动农业的发展，更是为了让农业在未来能够发展得更加稳健。中国是农业大国，需要品牌的力量，需要走向世界，要做到这一点，就必须做好农业的品牌建设，打造出有中国特色的农业品牌。

## 黄太吉模式：一张煎饼的互联网化

黄太吉煎饼是一家独特的煎饼店，它把中国传统的小吃做成了一个品牌。市场上有许多煎饼店，但黄太吉的煎饼成了一个品牌符号。

黄太吉的开端是良好的，因为它把煎饼店开进了北京CBD。黄太吉的名称取意“皇太极”，既是为了朗朗上口，也是为了给品牌打上文化的烙印。黄太吉最初创立就带有文化底蕴，不管是不是真的，黄太吉至少做到了文化绑定。

黄太吉不缺少顾客，但是为了扩大经营，它还需要更为响亮的名声。于是，黄太吉在微博、微信等平台进行推广，让更多的人知道了黄太吉煎饼。以微博为例，黄太吉看中微博话题具有良好的带动性和互动性，于是把注意力放在了话题上，让大家能在聊天中知道黄太吉品牌，并对黄太吉品牌形成更好的认识，为黄太吉的营销奠定了坚实的基础。除了微博、微信、大众点评等网络平台，黄太吉还通过电视节目进行推广，进一步扩大品牌影响力。

“良心用好料，还原老味道”是黄太吉倡导的经营理念，在原料的选择上，黄太吉一直坚持使用有机生菜、纯绿豆面、无矾现炸油条，这就保证了产品的品质。

中国不缺乏好的农业产品，黄太吉的成功就是最好的证明。但是中国农业市场缺乏好品牌，现有市场鱼龙混杂，许多明珠因此蒙尘。农业品牌的建设是刻不容缓的，它有着巨大的潜力和带动力，通过建设农业品牌，能够带动整个产业的发展。

农业想要走出一条新路，就不能继续忽视科技的力量。不管是生产还是运营，各个环节都需要科技的参与。如今，互联网和媒体力量是最好的传播平台，通过这些平台把自身的品牌宣传出去，不仅对自身发展有着极大的好处，更能引领一个行业的新时代。农业要发展，不但要重视质量和数量上的发展，更要往科技化方向发展，往品牌化方向发展。